Peter Schlefsky

wählen **und** abstimmen

Warum wir in Deutschland die dreistufige Volksgesetzgebung mit Medienbedingung brauchen

und was wir dafür tun können

Ein Weckruf in unruhigen Zeiten

1. Auflage
© 2021 Peter Schlefsky
Cover-Bild und Grafik (S.4): Michaela Schlefsky
Herstellung und Verlag: BoD - Books on Demand, Norderstedt
ISBN: 978-3-7557-5238-7

Inhaltsübersicht

Einleitung: Weshalb dieses Buch? Und warum gerade jetzt? 5

1. Zum Begründungszusammenhang
Volkssouveränität, Mehrheitswille, Legitimität 9

2. Die dreistufige Volksgesetzgebung als Regelungsvorschlag
Volksinitiative, Volksbegehren, Volksentscheid, Medienklausel 15

3. Menschenkundliche und entwicklungsgeschichtliche Aspekte
Fremdherrschaft, Manipulation des Volkswillens, Aktivbürgerschaft ... 27

4. Zu den Ursprüngen der Volksgesetzgebung
Rittinghausen, die Schweiz und die „Weimarer Erfahrungen 33

5. Erste demokratische Schritte: Deutschland nach der Stunde null .. 39

6. Der Grundstein ist gelegt: Parlamentarischer Rat und
Artikel 20 Absatz 2 Satz 2 (Exkurs: Die Tragik des Theodor Heuss) ... 49

7. Auf Spurensuche: Symptomatisches aus DDR und alter BRD 57

8. Vertane Chancen: Wende, Wiedervereinigung, Artikeldebatte 63

9. Der Durchbruch bleibt weiterhin aus: Ansätze 1994 bis heute 69

10. Auf dem Abstellgleis? Parteiprogramme Bundestagswahl 2021 ... 77

11. Ein konstruktiver Weg am Beispiel der Corona-Krise
Wie Maßnahmenkritiker über die Volksgesetzgebung denken 89

12. Zur Übertragung von Hoheitsrechten
Das Demokratieverständnis im Rechtsgefüge der EU und UN 99

13. Wer ist der Souverän? „The Great Reset" und die Demokratie .. 105

14. Wie das Abstimmungsrecht im Grundgesetz verwirklichen?
Einige Anregungen, wo sich der Hebel ansetzen lässt 111

Literaturverzeichnis 118

Die dreistufige Volksgesetzgebung

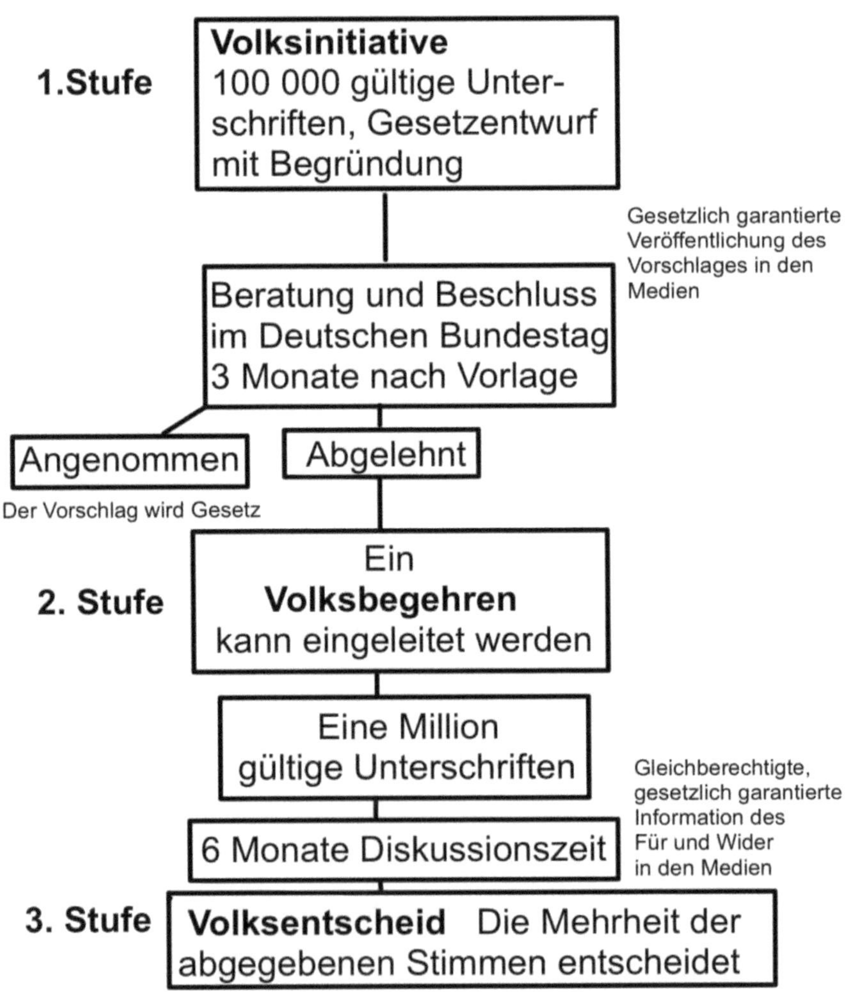

<u>Einleitung</u>

Weshalb dieses Buch? Und warum gerade jetzt?

Mit der vorliegenden Veröffentlichung wird ein Anlauf unternommen, einschlägige, bis auf den heutigen Tag in der Öffentlichkeit jedoch weitgehend unbemerkte Untersuchungsergebnisse aus den 1980er- und 1990er-Jahren in Erinnerung zu rufen und damit den Zustand der Bundesrepublik Deutschland zu reflektieren. Und um den Ausweg aus einer Situation zu beschreiben, die als „Politikverdrossenheit" charakterisiert werden kann und mit Bemerkungen wie „Die da oben machen eh, was sie wollen" auf eine zentrale Problemstellung hinweist.

Diese kann als Frage wie folgt formuliert werden: Wer – unter demokratischen Vorzeichen – ist berechtigt, die bundesdeutsche Gesetzgebung mitzugestalten, welche Richtschnur für die Lebensverhältnisse und öffentlichen Angelegenheiten ist? Wird doch in gefassten Gesetzesbeschlüssen die rechtliche Grundlage geschaffen, auf der sich das soziale Leben entfalten kann. Art, Umfang, Reichweite und Grenzen von Zuständigkeiten, welche die Lebensbereiche durchziehen, und deren Zusammenspiel, ja unser gesamtes tägliches Dasein, hängen letztlich von der geltenden Rechtslage und deren Struktur ab.

Seit vielen Jahren erleben hier mehr und mehr Bürgerinnen und Bürger, dass ihre Mitwirkung am Zustandekommen der Gesetzgebung in Sachangelegenheiten für die Lebensbelange der Gesellschaft nicht gefragt ist. Insofern sie keinerlei parteipolitische Ambitionen verspüren und dafür nicht bereit sind, in den etablierten Politikbetrieb einzusteigen und sich dort zu engagieren, besteht für dieses Klientel der Bevölkerung nur die Möglichkeit, in regelmäßigen Abständen Menschen oder Vereinigungen die Stimme ihres Vertrauens zu geben und ihnen durch den Wahlakt die gesetzgeberische Tätigkeit zu überlassen.

Kein wirklich befriedigender Ansatz zur Lösung des skizzierten Problems stellt die übliche Lobbyarbeit von Organisationen und Verbänden dar.

Hier wird die wirtschaftliche, finanzielle und sonstige Machtstellung dazu verwendet, eigene Ziele bei der politischen Willensbildung durchzusetzen. Im selben Fahrwasser befinden sich Nichtregierungsorganisationen (NGOs) – zunehmend professionell agierend und durch teils spektakuläre medienwirksame Aktionen öffentliche Aufmerksamkeit erzeugend. Auch solche Wege der Einflussnahme auf die Gesetzgebung werden im Zeitalter der Demokratie als ungerecht empfunden, da die gleiche Teilhabe durch „Vitamin B" und partikulare Interessen verdrängt wird.

Daher richtet sich dieses Buch in erster Linie an all diejenigen, die entweder frustriert sind und es aufgegeben haben, ihren Ideen und den Gestaltungswillen für die öffentlichen Belange privat oder in Vereinigungen einzubringen. Oder die hauptsächlich auf den „Druck der Straße", durch Teilnahme an Demonstrationen, oder gar auf zivilen Ungehorsam setzen. Dass es, die Gesetzgebung im Bund betreffend, zumindest im Prinzip einen praktikablen anderen Weg gäbe, soll in dieser Schrift herausgearbeitet werden. Der ist zwar noch nicht begehbar. Doch lohnt es sich, für seine Verwirklichung einzutreten und sich zu engagieren.

Besonders angesprochen fühlen können sich diejenigen, die die Corona-Politik von Bund und Ländern mitsamt der bislang getroffenen Maßnahmen kritisch hinterfragen und ihre Sicht der Dinge im stillen Protest besinnen oder auf verschiedenen Wegen der Öffentlichkeit mitzuteilen versuchen. Sie teilen dasselbe Schicksal mit Bürgerinitiativen und Protestbewegungen, die während des nunmehr 72-jährigen Bestehens der Bundesrepublik in Erscheinung getreten sind. Ob Wiederbewaffnung (1950er-Jahre), Schwangerschaftsabbruch (1970er-Jahre), Nachrüstungs-Doppelbeschluss oder eine andere Energiepolitik (1980er-Jahre): Weicht die Position zu einem bestimmten Thema in Teilen der Gesellschaft von der Linie der Bundesregierung oder der Mehrheit im Bundestag ab, können diese ihre Gestaltungsideen zur Lösung nicht direkt in gesetzgeberisches Handeln ummünzen. Erlebt werden können, neben Ausgrenzung und Anfeindung, Bevormundung und Gängelung. Ausfluchtwege wie Resignation, Radikalisierung oder Gewalt sind vorgezeichnet. Wohl nie zuvor trat die Diskrepanz zwischen etablierter Politik und Andersdenkenden derart krass zum Vorschein wie im Zusammenhang der Corona-Krise seit dem Frühjahr 2020 – brandaktuell wird dies in der Debatte um die Einführung der generellen Impfpflicht deutlich.

Doch nicht nur „Querdenken" & Co., auch alle Fridays-for-Future-Bewegten und anderen Klimaschutzaktivisten können davon profitieren, die Kernaussagen dieses Buches zu bedenken und sich diese bei grundsätzlicher Zustimmung für die Ausrichtung ihrer Kampagnen zu eigen zu machen – selbst wenn sie, im Gegensatz zu den Maßnahmenkritikern der Corona-Politik, sich scheinbar gänzlich andere Forderungen und Wünsche auf die Fahnen geschrieben haben. Beide sozialen Bewegungen der jüngsten Zeit, so unterschiedlich ihre Ziele und Beweggründe sein mögen, haben eines gemeinsam: Ihre Vorstellungen, wie das gesellschaftliche Leben auszusehen und sich weiterzuentwickeln hat, decken sich in bestimmten Angelegenheiten nicht mit dem Willen derjenigen, die die Gesetze beschließen und nach denen sich die Bürgerinnen und Bürger zu richten haben. Aber nicht nur an Vertreter dieser beiden Protestbewegungen, sondern an alle um das Wohl des Gemeinwesens besorgten Menschen wendet sich diese Schrift.

Ich habe mich bemüht, trotz der teils komplexen Materie den Umfang des Buches überschaubar zu halten. Bewusst nahm ich in Kauf, vieles gewichtet, zahlreiche Gesichtspunkte deshalb nur gestreift, manches auch komplett ausgeklammert zu haben. So gesehen, erhebt die Veröffentlichung nicht den Anspruch, den strengen Kriterien einer universitären Abhandlung mit der Wiedergabe des aktuellen, in wissenschaftlichen Fachkreisen gepflegten Diskurses zu genügen. Vor allem ging es mir darum, Ein- und Quereinsteigern in das Themenfeld einen möglichst unkomplizierten Zugang und eine erste Übersicht zu bieten – freilich zugespitzt auf den Wesensgehalt der Angelegenheit im Lichte der aktuellen und absehbar künftigen Entwicklungen in Deutschland und darüber hinaus. Von einem Basislager spricht man in Bergsteigerkreisen, wenn von einer gesicherten Position aus der Gipfelsturm angepeilt wird. Wer ein vertieftes Interesse hat, kann sich nach der Lektüre des Buches nach allen Richtungen weiter in die Einzelheiten und Sichtweisen der wissenschaftlichen wie auch zivilgesellschaftlichen Positionen einarbeiten. Fachliteratur, Master-, Diplom- und Dissertationsarbeiten zum Themengegenstand gibt es mittlerweile genügend.

Vor dem Einstieg in die Thematik noch ein kurzer Hinweis zum inhaltlichen Aufbau dieses Buches: Das Fundament der Betrachtungen wird in den ersten drei Kapiteln gelegt. Von da aus wird der Bogen in die Vergangenheit (4 bis 9) wie auch zu aktuellen Geschehnissen (10 und 11) gespannt – angereichert durch zwei kurze Ausflüge in die europäischen und globalen Gefilde (12 und 13). Abgerundet wird die Darstellung mit einem Ausblick auf Handlungsoptionen.

Ob Inspirationen, Ideenfindung, Formulierungshilfen, Gegenlesen, Korrektorat, Gespräche: Wer einmal selbst ein Buch verfasst hat, weiß nur allzu gut, dass das Ergebnis letztlich ein Gemeinschaftswerk darstellt. Obwohl ich seit Längerem beruflich in journalistischen Fahrwassern verkehre und mit den Grundzügen der Thematik vertraut bin, glich das Vorhaben einem Kraftakt. Auch nagte und nagt die aktuelle gesellschaftspolitische Großwetterlage bisweilen arg an meinem Nervenkostüm. Insofern möchte ich allen herzlich danken, die mich in den vergangenen Monaten begleitet und auf ihre Weise zum Gelingen beigetragen haben. Besonders danken möchte ich meiner Frau und meinen Kindern, die mir die Zeit und den Raum für diese Arbeit ermöglichten.

November 2021

Peter Schlefsky

1. Zum Begründungszusammenhang

Volkssouveränität, Mehrheitswille, Legitimität

„Der Staat wird nicht durch die Gesetze erhalten, sondern durch die
gesetzgebende Gewalt. Das Gesetz von gestern ist heute nicht
verbindlich, aber aus dem Schweigen wird die schweigende
Zustimmung abgeleitet, und man nimmt an, dass der Souverän
ununterbrochen die Gesetze bestätigt, die er nicht abschafft,
da er dazu in der Lage ist.“
(Jean Jacques Rousseau, Du Contrat Social, III, 11)

„Sieht man im Selbstbestimmungsrecht der Nation die Wurzel der Legitimität,
ergibt sich daraus die zwingende Notwendigkeit, dass neben dem Wahlrecht das
Abstimmungsrecht zur Verfügung stehen muss, weil sich nur aus ihm – das heißt
aus seiner jederzeit möglichen Aktivierung – Zustimmung oder Ablehnung der
Bürgerschaft zu den konkreten politischen Sachverhalten nachweisen lässt. Nicht
erst die *tatsächliche*, sondern schon die *mögliche* Aktivierung, das heißt das
Aktivierungsrecht nach bestimmten Regeln, begründet demokratische Legitimität im Sinne einer dreifachen Wirksamkeit des Gemeinwillens: Bleibt er passiv,
bedeutet das *Zustimmung* zu dem, was die Volksvertretung beschließt; wird er
aktiv, kommt es zur *Annahme* oder *Ablehnung* einer bestimmten Vorlage.“
(Bertold Hasen-Müller/Wilfried Heidt, Die Kardinalfrage des Staatswesens)

Zusammenfassung

Wenn wir staatliche Verhältnisse als demokratisch charakterisieren und
dafür unabdingbare Kriterien benennen sollen, dann fällt uns dazu – bezogen auf die Gesetzgebung – in erster Linie die freie, gleiche, geheime
und unmittelbare Wahl von Repräsentanten für die Besetzung der Organe
sowie der Wahl und Kontrolle von Regierungen ein. Weicht jedoch zu
einem bestimmten Zeitpunkt der mutmaßliche Gestaltungswille eines

mutmaßlich überwiegenden Teils der stimmberechtigten Bürgerschaft zu einer Sachfrage von den rechtsverbindlichen Beschlüssen des Parlaments oder der Regierung ab, dann besteht ein Missverhältnis zwischen dem Souverän in einer Demokratie, dem Staatsvolk, und seinen gewählten Vertretern. Um dieses Legitimitätsproblem zu lösen, müssen Verfahren vorhanden sein, um im Zweifelsfall den Mehrheitswillen festzustellen und ihm Geltung verschaffen zu können. Ansonsten führt die „Stellvertreter-Demokratie" zur Entmündigung oder gar Ausschaltung der Souveränität der Rechtsgemeinschaft eines Gemeinwesens. –

Ein sicherer und unbestrittener Ausgangspunkt für die Beantwortung der Frage, welche Instanz in einer sozialen Ordnung das Leben durch rechtliche Bestimmungen zu prägen hat und für die Entstehung und Entwicklung einer Rechtsordnung zuständig ist, ergibt sich beim Blick auf den letzten großen **Souveränitätswechsel**, der sich in der Entwicklung der Menschheit vollzogen hat. Sieht man von einem zweiten, geografisch außerhalb Europas liegenden Schauplatz ab, auf dem dieser Wechsel kurze Zeit zuvor eingetreten war, kann der wesentliche Punkt, den die **Französische Revolution von 1789** auszeichnet, unter dem Gesichtspunkt der Herrschaftsverhältnisse in einem Gemeinwesen (Staat) wie folgt beschrieben werden: Mit dem Sturm auf die Bastille, dem einstigen Pariser Staatsgefängnis, und den damit verbundenen Ereignissen endet die Epoche der bislang tonangebenden **Monarchien** in ihren verschiedenen Spielarten.

Ab sofort war es nicht mehr der Fürst, König, Kaiser oder aber der Diktator, dessen staatsmännisches Handeln für sein Einflussgebiet maßgebend war – auch wenn es im weiteren Verlauf der Geschichte in etlichen Ländern und Regionen bis auf den heutigen Tag zu Rückschlägen kommt. Von diesem Wendepunkt gegen Ende des 18. Jahrhunderts an war es der Gedanke der **Volkssouveränität**, der zur Quelle und zum Maßstab aller staatlich-politischen Aktivitäten wurde.

Prägnant formuliert ist dieser neue Leitstern im Fortschreiten der Menschheitsentwicklung im Abschnitt „Erklärung der Menschen- und Bürgerrechte" der **französischen Konventsverfassung**, die am **24. Juni**

1793 verkündet wurde, jedoch später in Kraft treten konnte.[1] Danach steht die Souveränität dem Volke zu. Sie ist einheitlich und unteilbar, unverjährbar und unübertragbar. Auch wenn an dieser Stelle einschränkend hinzugefügt werden muss, dass die Ausübung der neuen Form von Souveränität in einem Staatswesen zu jener Zeit an persönliche Besitzverhältnisse gekoppelt und Frauen von der Mitwirkung an den öffentlichen Angelegenheiten gänzlich ausgeschlossen waren, so war dennoch die Richtung für das **neue Zeitalter der Demokratie** vorgezeichnet.

Geistesgeschichtlich geprägt haben den Souveränitätswechsel die Ideen der von Charles de Montesquieu (1689-1755) entwickelten **Gewaltenteilung** (Legislative/Gesetzgebung, Exekutive/Regierung, Judikative/Gerichtsbarkeit) und dem von Jean Jacques Rousseau (1712-1778) konzipierten **Gemeinwillen.** Als weiterer Grundbestandteil der demokratischen Errungenschaften gesellt sich der Entscheidungsmodus hinzu: Als rechtsverbindlich angesehen wird dasjenige, was durch die **Mehrheit** der an einer Entscheidung Mitwirkenden zustande kommt. Und der Feststellung von Recht (Gesetzgebung) im Mehrheitswillen liegt das Prinzip der Gleichheit der in einem demokratischen Gemeinwesen lebenden Menschen (Bürgerinnen und Bürger) zugrunde.

Ein zentraler Gesichtspunkt, der in Diskussionen über demokratische Verhältnisse, Demokratisierungsbestrebungen oder der Demokratie als Ganzes und deren Verfasstheit leider oftmals unberücksichtigt bleibt, ergibt sich aus der Antwort auf die Frage nach der **Legitimität** staatlichen Handelns. Beschränken wir uns an dieser Stelle auf die Gesetzgebung, kann hier das Erfordernis folgenderweise formuliert werden: Es sind Strukturen, Prozesse und Organe der gesetzgebenden Gewalt in einem Rechtsstaat so zu gestalten, dass sie den Erfordernissen im Sinne des Gedankens der Volkssouveränität Rechnung tragen.

Der herkömmlich eingeschlagene Weg, dieser Herausforderung gerecht zu werden, ist der **Wahlvorgang** – also das Bestellen von Personen (Ab-

---

[1] Genauer Wortlaut siehe Artikel 25.

geordneten) für Organe (Volksvertretung/Parlament). Dort übernehmen die Gewählten, in Deutschland in der Regel hauptberuflich und auf Zeit agierend, diese Arbeit stellvertretend für die Bürgerschaft als dem eigentlichen Souverän. In Zeiten der gesamtgesellschaftlichen Arbeitsteiligkeit und vor dem Hintergrund der mitunter komplexen Angelegenheiten der Rechtsetzung im öffentlichen Leben sowie den bestehenden Rechtsverhältnissen macht ein solches „Auslagern" von Entscheidungen in ein Gremium Sinn. Doch genau hier taucht ein Problem auf. Warum?

Mit der Wahl von Personen erlangen diese das Recht, einen Platz (Sitz) in der gesetzgebenden Körperschaft auf eine bestimmte Dauer einzunehmen. Die Wahl hat sie sozusagen legitimiert, diesen Posten auf Zeit innezuhaben. Nicht automatisch legitimiert sind dagegen die **gesetzgeberischen Beschlüsse**, die die Gewählten in der Folgezeit im Parlament treffen. Das liegt daran, dass der Wahlakt stets pauschale Züge trägt: Gewählt werden Personen, die sich für die Umsetzung von politischen Forderungen in (Partei-)Programmen starkmachen und im Vorfeld eines Urnengangs mitunter Wahlversprechen abgeben. Ob sie nach der Wahl tatsächlich eingelöst werden, ob und wie die Gesetzgebung aufgrund von Übereinkünften der in die Volksvertretung entsandten politischen Kräfte (Koalitionsvereinbarungen!) zu einzelnen Sachfragen letztlich erfolgt und ob eine von den Repräsentanten getroffene Sachentscheidung tatsächlich den Mehrheitswillen des Souveräns wiedergibt, bleibt indes offen. Sämtlichen parlamentarischen Beschlüssen haftet hierdurch ein Defizit an demokratischer Legitimation an, sofern der Rückbezug „zur Basis", also zum eigentlichen Bestimmer in einem als Demokratie gekennzeichneten Gemeinwesen, fehlt. Wie kann dieses Dilemma behoben werden, um dem Grundsatz der Volkssouveränität Rechnung zu tragen?

An diesem Punkt kommt nun die zweite Säule der unmittelbaren Ausübung der Staatsgewalt durch die Rechtsgemeinschaft der stimmberechtigten Bürgerinnen und Bürger ins Spiel. Sie umfasst die Möglichkeit, zu einem bestimmten Sachanliegen jederzeit ein gesetzgebendes Verfahren aus der Mitte der Bürgerschaft zu aktivieren und darüber die Willensbekundung einzuholen. In der Staatsrechtslehre sind die einzelnen Stufen eines solchen direktdemokratischen Prozesses in dem Oberbegriff **Volksgesetzgebung** zusammengefasst. Erst durch ein entsprechend verfügbares Instrumentarium erhalten parlamentarische Entscheidungen ihre Rechtfertigung (Legitimation).

Wird der vorhandene Verfahrensweg zur Überprüfung oder Änderung des im Parlament ausgearbeiteten und verabschiedeten Gesetzes außerparlamentarisch nicht beschritten, kann von der „schweigenden" Zustimmung zur Beschlusslage der Volksvertretung ausgegangen werden. Erfolgt die Willensbildung über die direkte Gesetzgebung, erfährt das Parlament hierdurch die Rechtfertigung seiner eigenen Entscheidungen – ob der Mehrheitsbeschluss am Ende so oder so ausfällt. Konsequent hat die „Arbeitsgemeinschaft für Demokratie und Recht" mit Sitz im baden-württembergischen Achberg zu Beginn der 1980er-Jahre aufgrund umfangreicher Forschungstätigkeiten das daraus abzuleitende Erfordernis beschrieben. Hiernach müsse „die Grundstruktur einer demokratischen Ordnung, ‚auf der Höhe der Zeit' **komplementär** sein: **parlamentarisch**, aus pragmatischen, und **plebiszitär**, aus prinzipiellen demokratietheoretischen Gründen".[2]

Um die Bedeutung des Legitimitätsproblems in der Demokratie zu veranschaulichen, kann ein **Vergleich** zu dem Verhältnis zwischen dem Souverän und dessen Vertretung in gesetzgeberischen Belangen gezogen werden. Man nehme ein inhabergeführtes Unternehmen beliebiger Größenordnung aus dem Wirtschaftsleben mit seinen arbeitsteiligen und vielschichtigen innerbetrieblichen Prozessen. Hier kann es für die Geschäftsleitung, also den Geschäftsinhaber (Souverän), aus bestimmten Erwägungen heraus notwendig werden, die komplette oder größtmögliche Entscheidungskompetenz (Unternehmensführung) an einen Bevollmächtigten (Vertreter) zu übertragen. Dieser Person seines Vertrauens wird für die Erledigung der Geschäftsführung **Prokura** erteilt, wie die betriebswirtschaftliche Übertragung von Handlungsvollmacht in der Fachsprache genannt wird. Sollte der Geschäftsinhaber im Weiteren mit einer ge-

---

[2] Arbeitsgemeinschaft Demokratie und Recht (o. J.), S. 4.

troffenen Entscheidung des Prokuristen nicht einverstanden sein, so muss er jederzeit die Möglichkeit haben können, den ihm missliebigen Beschluss zu überprüfen und gegebenenfalls zu korrigieren. Hätte er diese Möglichkeit nicht, dann wäre seine funktionale Stellung als leitender Firmeninhaber, als Chef des Wirtschaftsbetriebs, bedroht. Ohne entsprechende Korrekturen würde er sich im Betrieb in der Folge fremdgesteuert erleben – es wäre letztlich nicht mehr „seine" Unternehmung.

Übertragen auf das öffentliche Leben eines Staates heißt dies: Kann der „Bestimmer" in einer Demokratie, die Rechtsgemeinschaft aller, von Gesetz her gesehen, mündigen Menschen, über Entscheidungen der gewählten Volksvertretung zu konkreten Anliegen bei Bedarf nicht jederzeit initiativ werden und korrigierend eingreifen, werden sie in der Ausübung ihrer Souveränität behindert. Die gefährlichen Folgen einer solchen Entwicklung sind offensichtlich und letztlich ursächlich für einen Großteil der Problemlagen – im Grunde genommen seit 1789. Dabei sind **Politikverdrossenheit**, Ohnmacht in Teilen der Bevölkerung gegenüber Beschlüssen von Parlamenten und/oder Regierungen, der viel erlebte Rückzug ins Private und ein generelles Desinteresse an der Politik ebenso zu beobachten wie Protestbekundungen auf Demonstrationen.

Im äußersten Fall kann das Gemeinwesen völlig aus den Fugen geraten. Dann beenden extremistische und machtbesessene Kreise die demokratischen Errungenschaften der Demokratie und machen den eingangs beschriebenen Souveränitätswechsel rückgängig. Die Folgen dieser Entwicklung sind oftmals nie für möglich gehaltene **Rückfälle** in längst als überwunden geglaubte Staatsformen oder Machtausübung, wie sie dem Ideal einer modernen, freiheitlich-aufgeklärten Bürgergesellschaft zutiefst widersprechen.

2. Die dreistufige Volksgesetzgebung als Regelungsvorschlag

Volksinitiative, Volksbegehren, Volksentscheid, Medienklausel

„Die Souveränität ruht im Volk; sie ist einheitlich und unteilbar, unverjährbar und unveräußerlich. (…) Ein Volk hat stets das Recht, seine Verfassung zu revidieren, zu verbessern und zu ändern. Eine Generation kann ihren Gesetzen nicht die künftigen Generationen unterwerfen. Jeder Bürger hat das gleiche Recht, an der Gesetzgebung und der Ernennung seiner Beauftragten oder seiner Vertreter mitzuwirken."
(Auszug aus: Verfassung des französischen Volkes, 24. Juni 1793, Artikel 25 ff.)

„Wenn sich das Gefühl, in den besten Händen zu sein, nicht einstellen will, wächst der Wunsch, Politik selbst in die Hand zu nehmen, im Staat mitzuarbeiten und mitzuentscheiden. Darin müssen wir den Bürger ermutigen. Sein Verständnis für das Politische und den Politiker wird wachsen, wenn er selbst unmittelbar und andauernd am Staat teilhat, und umgekehrt wird es dem Politiker leichter fallen, ihn als Partner anzunehmen. Beides ergänzt einander (…). Machen wir uns seine Bereitschaft – und, füge ich dazu: sein Vermögen –, aus der Rolle des privaten Nörglers und öffentlichen Ja-Sagers herauszuwachsen, zunutze."
(Christian Pestalozza, Der Popularvorbehalt)

Zusammenfassung

Wie kann eine Rechtsgemeinschaft in einem Land unmittelbar als Gesetzgeber tätig werden? Am Anfang steht eine Rechtsidee, die als Gesetzesinitiative der Öffentlichkeit zu erkennen gegeben wird und an die zuständige Volksvertretung gerichtet ist. Übernimmt diese den Vorschlag der Initiative nicht unverändert oder lässt ihn unberücksichtigt, muss die Initiative das Recht haben können, ihren Gesetzentwurf außerparlamentarisch in einem Begehren weiterzuverfolgen, um ihr Anliegen der Gesamtbürgerschaft zu präsentieren. Gelingt dies, stimmt die Bürgerschaft nach ausführlicher öffentlicher Diskussion und Urteilsbildung über den Vorschlag ab. Ein derart in drei Schritten vollzogener plebiszitärer Prozess wird als dreistufige Volksgesetzgebung bezeichnet. Von großer Bedeutung für den Informationsfluss und die Berichterstattung über das abzustimmende Thema ist die Stellung der Massenmedien (Presse, Funk, Fernsehen). Das Für und Wider zum Abstimmungsgegenstand zwischen Volksbegehren und Volksentscheid müssen sich gleichberechtigt darstellen können. Wenn diese Voraussetzung fehlt, sind der Manipulation Tür und Tor geöffnet. –

Welche wesentlichen Punkte muss ein Verfahren beinhalten, damit das Volk als Souverän in der Demokratie aus seiner Mitte heraus jederzeit eine zu regelnde Angelegenheit auf die Tagesordnung setzen kann? Dass die Stimmbürgerschaft im Zweifelsfall überprüfen kann, ob der Wille der Parlamentsmehrheit mit dem Mehrheitswillen der Rechtsgemeinschaft im Einklang steht? Wie sollte die Arbeit der gewählten Abgeordneten möglichst optimal auf außerparlamentarisch ins Spiel gebrachte Gesetzesvorschläge abgestimmt sein, damit sich die bevollmächtigten Repräsentanten und deren „Auftraggeber" nicht gegenseitig blockieren? Wie erfährt die interessierte Öffentlichkeit über gesetzgeberische Anliegen und Vorstöße, die aus der Mitte der Bevölkerung stammen? Wie soll der Meinungsbildungsprozess vor der gesamtgesellschaftlichen Entscheidung aussehen?

Mit diesen und weiteren damit verbundenen Fragestellungen haben sich der pensionierte Gymnasiallehrer **Bertold Hasen-Müller** (1932-2002) und der Sozialforscher **Wilfried Heidt** (1941-2012) Anfang der 1980er-Jahre intensiv beschäftigt. Als Frucht der gemeinsamen Zusammenarbeit entstand die Idee von der **dreistufigen Volksgesetzgebung**. Sie bildete den Ausgangspunkt von zahlreichen Initiativen, bestehende direktdemokratische Regelungen in den deutschen Landeverfassungen zu reformieren oder überhaupt erst einzuführen. Für die Bundesebene ergab sich die Notwendigkeit, in der Öffentlichkeit über die Bedeutung des Abstimmungsrechts und die daraus ableitbaren Erfordernisse einer grundgesetzlichen Ausgestaltung aufzuklären (Näheres dazu in den Kapiteln 7 bis 9). Auch im Ausland – etwa in Ungarn, der Schweiz und Österreich – fand die Idee Anklang und wurde von Bürgerinitiativen aufgegriffen.

Was ihren konkreten Verlauf und ihre Vorzüge anbelangt, die demokratische Legitimation der bestehenden parlamentarischen Gesetzgebung (Kapitel 1) überhaupt erst zu ermöglichen, kann die dreistufige Volksgesetzgebung auf Bundesebene folgendermaßen beschrieben werden: Die erste Stufe, die **Volksinitiative**, umfasst das Vorschlagsrecht, das jeder mündige Mensch ergreifen kann, indem er einen ausgearbeiteten und begründeten Gesetzentwurf der Öffentlichkeit unterbreitet, um mit Gleichgesinnten in einer freien Unterschriftensammlung ein bestimmtes Maß an Zustimmung (Quorum) zu erhalten. Bezogen auf Deutschland, könnten 100.000 geleistete gültige Unterschriften zu Beginn einen Richtwert darstellen. Wird diese Zahl erreicht, hat sich der Bundestag als Adressat mit dem Gesetzesanliegen im Rahmen seiner Geschäftsordnung innerhalb einer festzusetzenden Frist (zum Beispiel drei Monate) zu befassen. Man kann auch sagen: Das Recht zur Initiative der Gesetzgebung wird über die Arbeitsstätte Parlament hinaus auf alle Stimmberechtigten eines Landes ausgeweitet. Sollte eine Mehrheit im Bundestag das außerparlamentarisch eingebrachte Anliegen unverändert übernehmen, hat die Initiative ihr Ziel erreicht.

Anders liegt der Fall, wenn die Bundestagsabgeordneten entweder die Frist zur Befassung der Gesetzesinitiative verstreichen lassen, den Gesetzesvorschlag mehrheitlich ablehnen oder ihn nur in abgewandelter Form beschließen. Dann besteht für den Träger der Volksinitiative die Möglichkeit, sein Anliegen außerparlamentarisch durch ein **Volksbegehren** weiterzuverfolgen. Sofern sich die Initiative dazu entschließt, weiterzumachen, geht es in dieser zweiten Stufe darum, mit einer neuen Unterschriftensammlung ihren Gesetzesentwurf als Vorschlag direkt an die gesamte Bürgerschaft zu stellen. Hierbei sind zwei Faktoren festzulegen: die Dauer der Sammlung und die Anzahl der zu leistenden Unterschriften. Für Deutschland wäre als Einstieg eine Million gültige Unterschriften in freier Sammlung innerhalb eines Zeitraums von maximal zwölf

Monaten ein denkbares Maß. Wichtig zu betonen ist hierbei folgender Punkt: Nicht nur diejenigen können das Volksbegehren unterstützen, die den Inhalt des vorgeschlagenen Gesetzentwurfs befürworten. Mit der Unterzeichnung wird signalisiert, dass man das dem Begehren zugrunde liegende Thema für so wichtig erachtet, dass die Rechtsgemeinschaft selbst verbindlich darüber entscheiden sollte. Schließlich bleibt jedem freigestellt, im abschließenden rechtsverbindlichen Beschluss noch gegen den Entwurf der Gesetzesinitiative zu stimmen.

Damit sind wir bei Stufe 3 im plebiszitären Prozess angekommen: dem eigentlichen **Volksentscheid**. Dieser wird terminiert, sobald die Initiative die geforderte Zahl der Unterschriften innerhalb des vorgegebenen Zeitraums erreicht hat. Drei bis maximal sechs Monate Zeit sollten zwischen einem erfolgreichen Volksbegehren und dem Volksentscheid vergehen, damit sich während dieser Phase die Stimmberechtigten in der **öffentlichen Diskussion** umfassend informieren können. Bei der Abstimmung entscheidet die Mehrheit der abgegebenen gültigen Stimmen. Ist die Initiative erfolgreich, hat sie ihr Ziel erreicht. Im Folgenden werden einige Gesichtspunkte dieses dreistufigen Aufbaus erläutert.

Volksinitiative

<u>Idee und Erscheinung in der Wirklichkeit</u>: Diese erste Stufe ist in der Verfassungswirklichkeit erstmals um 1989/90 im Bundesland Schleswig-Holstein als Ergebnis einer Verfassungsreform aufgetaucht[3]. Wann vom wem sie das erste Mal erdacht wurde, ist nicht abschließend geklärt. Bereits in den 1920er-Jahren schrieb der bekannte österreichische Rechtswissenschaftler Hans Kelsen (1881-1973) über die Vorzüge derselben und charakterisierte sie: „Zu den Institutionen, die bei grundsätzlicher Aufrechterhaltung des Parlamentarismus dennoch eine gewisse unmittel-

---

[3] Artikel 41 und 42 der Verfassung des Landes Schleswig-Holstein. Diese beinhaltet in einem eigenen Abschnitt (V.) die volksgesetzgeberischen Regelungen, was den grundsätzlich herausragenden Stellenwert derselben im nördlichsten deutschen Bundesland unterstreicht.

bare Ingerenz des Volkes auf die Staatswillensbildung ermöglichen, gehört auch die sogenannte *Volksinitiative*: Eine bestimmte Mindestanzahl stimmberechtigter Bürger kann einen Gesetzesantrag stellen, zu dessen geschäftsordnungsmäßiger Behandlung das Parlament verpflichtet ist."[4]

<u>Gegenstand von Volksinitiativen</u>: Im Grundsatz dürfen Gesetzesvorlagen von außerparlamentarischen Initiativen jeden Gegenstand der Gesetzgebung beinhalten, der auch der parlamentarischen Beratung und Beschlussfassung obliegt. Letztlich kann sich nur der Souverän, also die stimmberechtigte Bevölkerung, Einschränkungen in der Ausübung ihrer Befugnisse auferlegen. Die von Bürgerinnen und Bürgern eingebrachten Gesetzesinitiativen müssen verfassungskonform sein. Im Zweifelsfall ist vor der Behandlung der Volksinitiative im Bundestag das Bundesverfassungsgericht anzurufen. Dieses hätte den Gesetzentwurf dann auf Verfassungsmäßigkeit zu überprüfen.

<u>Anhörungsrecht im Bundestag</u>: Gemeint ist die Pflicht der Volksvertretung, Vertreter der Gesetzesinitiative einzuladen, um ihren Vorschlag gegenüber Abgeordneten vorzustellen und deren Fragen zu beantworten. Dies stellt eine interessante Gelegenheit zur Kommunikation bei Klärungsbedarf dar und könnte vom Parlament in seiner hauseigenen Geschäftsordnung Berücksichtigung finden.

<u>Stärkung der Stellung der Abgeordneten</u>: Dass der Parlamentarismus durch die Eingabe von außerparlamentarischen Gesetzes- und Verfassungsinitiativen bereichert werden kann, darauf haben Hasen-Müller/Heidt wiederholt hingewiesen.[5] Es könne dadurch „nicht nur die Intelligenz der Parteien, sondern die Kreativität des ganzen sozialen Organismus einfließen" und hierdurch die Arbeit der Abgeordneten befruchten. Weil sie außerdem damit rechnen müssen, dass die von ihnen abgelehnten Volksinitiativen zum Volksentscheid führen können, können

---

[4] Kelsen 2019, S. 60 (Hervorhebung im Original).

[5] Nachzulesen unter anderem bei Hasen-Müller (1987, S. 479 ff.) und Flensburger Hefte 1989, Nr. 24, S. 46.

sie sich unbefangener den Anliegen aus der Mitte der Gesellschaft zuwenden. „Sie werden diejenigen außerparlamentarischen Initiativen, die dem Gemeinwohl dienen, auch dann aufgreifen, wenn sie nicht unbedingt auf der Linie ihrer Parteirichtung liegen" – was im Klartext nichts anderes als die **„Befreiung vom Fraktionszwang"** sowie von sonstigen Gruppen- und Lobbyinteressen bedeutet. In diesem Kontext kann der im Artikel 38 Absatz 1 Satz 2 Grundgesetz formulierte Verfassungsgrundsatz verwirklicht werden. Demnach sind die Abgeordneten **„Vertreter des ganzen Volkes, an Aufträge und Weisungen nicht gebunden und nur ihrem Gewissen unterworfen"**. Innerparteiliche Zerreißproben und Streit innerhalb geschmiedeter Koalitionen zu kontroversen politischen Themen könnten ebenfalls entschärft werden, da diese jederzeit über außerparlamentarische Volksbegehren mehrheitlich durch die stimmberechtigte Bevölkerung entschieden würden. „Ohne diese Möglichkeit gibt es im Ernstfall nur den Ausweg der vorzeitigen Parlamentsauflösung, ohne dass die fällige Neuwahl das Legitimationsdefizit beseitigen könnte", geben Hasen-Müller/Heidt zu bedenken.[6] Hier zeigt sich auch der tiefere Sinn von Artikel 21 Absatz 1 Satz 1 (GG). Dort heißt es: **„Die Parteien wirken bei der politischen Willensbildung des Volkes mit."** Mit einem jederzeit aus der Mitte des Volkes verfügbaren Gesetzesinitiativ- und Abstimmungsrecht würde auch dieser Passus zum Leben erweckt werden und die heutige Allmacht der Parteienpolitiker auf ein gesundes Maß der Mitwirkung zurückgedrängt.

Volksbegehren

<u>Moderate Quoren:</u> Nicht nur bei der Volksinitiative, auch beim Volksbegehren ist der Ablauf des Verfahrens und dessen Machbarkeit an der Zahl der zu leistenden Unterschriften in einer vorgegebenen Zeit gekoppelt. Um den dreistufigen Prozess anschaulich zu halten, wurden obenstehend konkrete Zahlen und Zeiträume als ein Vorschlag angeführt. Den dahinterstehenden allgemeinen Charakter haben Hasen-Müller und Heidt erläutert: „Ob nun der Prozess der dreistufigen Volksgesetzgebung sich so

---

[6] Flensburger Hefte 1990, S. 81.

manifestieren kann, dass er in der Verfassungswirklichkeit eines Staatswesens auch das im Verfassungsrecht damit Veranlagte entfaltet, hängt zum einen vom quantitativen Aspekt seiner Regelung ab. Für alle drei Stufen muss ja eine zahlenmäßige Bestimmung festgelegt werden. Angemessen werden die Festlegungen sein, die sich als den Prozess fördernd erweisen. Zu hohe Quoren können sich hinderlich, ja verhindernd, zu niedrige chaotisierend auswirken."[7] Plädiert wird dafür, nach einer Erfahrungszeit „die Bestimmungen gegebenenfalls nach oben oder unten zu modifizieren".

<u>Freie Unterschriftensammlung</u>: In einigen Bundesländern, etwa in Bayern, ist die Eintragung für ein Volksbegehren aktuell nur in Stadt- oder Gemeindeverwaltungen zu den Öffnungszeiten der Amtsstuben möglich. Ergänzend zur Auslegung bei den kommunalen Behörden sollte das Sammeln von Unterschriften frei erfolgen können. Die Behörden haben bei Einreichung die Listen zu prüfen.

Volksentscheid

<u>Keine Konkurrenzvorlage vom Parlament</u>: Bereits bei der Volksinitiative als erster Stufe, die sich an die Volksvertretung als Adressat richtet, hatte der Bundestag die Möglichkeit, das Anliegen aus der Bürgerschaft zu prüfen, zu behandeln und sich gegebenenfalls zu eigen zu machen. Nutzt das Parlament diesen Anlass nicht, dann darf es vor dem Volksentscheid keine Chance erhalten, mit einem eigenen Gesetzentwurf zur Sache den Willensbildungsprozess des Volkes zu stören. Beide Lebensprozesse in der Gesetzgebung, der direktdemokratische wie auch der parlamentarische, bleiben autonom und sind lediglich aufeinander bezogen im Instrument der Volksinitiative als erweitertem Vorschlagsrecht. Außerdem würde durch eine parlamentarische „Konkurrenzvorlage", die zusammen mit dem Gesetzentwurf des erfolgreichen Volksbegehrens zur Abstimmung gestellt würde, die Wirkung der eingereichten Volksinitiative in ihrer Bedeutung geschwächt. Sie stünde dadurch mit ihrem Entwurf de

---

[7] Hasen-Müller/Heidt 1992, S. 123.

facto gegen zwei des Parlaments: den Status quo (Nein-Stimme) und den „Konkurrenzentwurf". Die Stimmberechtigten müssten zwischen drei Varianten entscheiden. Bei der Behandlung im Bundestag würde damit taktiert und der Blick auf die eigentliche Gesetzesarbeit verstellt. Man weiß, dass man nach einem erfolgreichen Volksbegehren immer noch die Option hätte, sich wegen des Drucks vor dem Volksentscheid mit dem Anliegen der Initiative ernsthaft(er) zu beschäftigen und diesem durch einen eigenen Entwurf sozusagen „Wind aus den Segeln zu nehmen". Beim Volksentscheid sollte also nur der Entwurf der Initiative vorliegen.

<u>Keine Beteiligungs- oder gar Zustimmungsquoren:</u> Man stelle sich vor, die Gültigkeit einer Bundestagswahl oder anderer derartiger Vorgänge zur Entsendung von Personen, die sich für Sitze in einem repräsentativen Organ bewerben, an einen **Mindestprozentsatz der Teilnahme oder gar der Zustimmung** der Wählerschaft zu knüpfen. Das würde **dem freiheitlichen Charakter** des Wahlvorgangs komplett **zuwiderlaufen**, entsprechend wären Empörung und Widerstand gegen ein solches Ansinnen programmiert. Doch genau dies wurde im Laufe der Geschichte der direkten Gesetzgebung durch das Volk das gesamte 20. Jahrhundert hindurch bis auf den heutigen Tag in die Bestimmungen bei Volksentscheiden installiert![8] Begründet wird die Existenz derartiger „qualifizierter" Abstimmungsquoren damit, dass man eine „Sicherheitshürde" aufbauen müsse. Verkannt wird dabei zweierlei: Erstens stehen „Wahlen" und „Abstimmungen" als die beiden Grundpfeiler der komplementären Demokratie zur direkten Ausübung der Staatsgewalt im Prinzip gleichberechtigt nebeneinander. Warum dem einen Standbein der Demokratie der freie Wille der Beteiligung verwehrt wird, dem anderen jedoch nicht, bleibt rätselhaft. Entscheidend ist aber noch ein zweiter Gesichtspunkt: Unter allen Umständen gewahrt werden muss, analog dem Wahlgeheimnis, bei Volksentscheiden über Sachfragen das **Abstimmungsgeheimnis.** Wenn sich aufgrund der vorgegebenen Regelung mindestens 50 Prozent, also die Hälfte der stimmberechtigten Bürgerinnen und Bürger, am

---

[8] Eine Zusammenstellung landesrechtlicher Regelungen findet man im Internet unter mehr-demokratie.de

Volksentscheid beteiligen müssen (sogenanntes **Beteiligungsquorum**) oder – noch krasser – mindestens 50 Prozent der Stimmberechtigten den Gesetzesvorschlag zu befürworten haben (= **Zustimmungsquorum**), damit dieser rechtsverbindlich wird, entsteht ein Problem. Gegner des Volksbegehrens können zum Boykott, also der Nichtteilnahme am Volksentscheid aufrufen. Bleiben dadurch die Menschen der Abstimmung tendenziell fern, werden sich diejenigen, die dennoch das Abstimmungslokal aufsuchen, automatisch als Befürworter der Gesetzesvorlage zu erkennen geben. Nicht auszudenken, was – vor allem im ländlichen Raum – eine derartige Boykottstrategie für persönliche Repressionen nach sich ziehen könnte. Allein schon, um das Abstimmungsgeheimnis nicht de facto außer Kraft zu setzen und damit nicht gegen ein Fundamentalprinzip der Verfassung zu verstoßen, gehören Beteiligungs- oder Zustimmungsquoren ein- für allemal in die Mottenkiste der Geschichte.[9] Länder wie Bayern, Hessen oder die Schweiz haben das längst beherzigt.[10] Im Übrigen darf, bei näherer Betrachtung, sogar die **Zweidrittelmehrheit der Abstimmenden** bei verfassungsändernden Gesetzesvorlagen kritisch hinterfragt werden. Ein kleines Gedankenbeispiel hierzu: Sollten über eine außerparlamentarisch begehrte Verfassungsänderung etwa 60 Prozent der abgegebenen Stimmen für die Vorlage votieren und 40 Prozent dagegen, und wäre damit – wegen der nicht erreichten Zweidrittelmehrheit – das initiierte Gesetzesvorhaben gescheitert, dann müsste die Bevölkerung mit einer Rechtsordnung leben (Verfassungsänderung!), in der nicht leben zu wollen sie mit einer Mehrheit von 60 Prozent durch einen öffentlichen Willensakt bekundet hat. Wäre das noch als demokratisch zu bezeichnen?

---

[9] Verfassungsklagen zu deren antidemokratischem Charakter in den betreffenden Bundesländern mit hohen Beteiligungs- und/oder Zustimmungsquoren wurden bislang offenbar noch nicht auf den Weg gebracht.

[10] So ist in Artikel 2 Absatz 2 Satz 2 (bayerische Verfassung) das Demokratieprinzip auf den Punkt gebracht.

Dreistufige Volksgesetzgebung und mediale Berichterstattung

Beim Informations- und Meinungsbildungsprozess in der Öffentlichkeit nehmen die Massenmedien in ihrer vermittelnden Funktion eine zentrale Position ein. Daher enthält der Regelungsvorschlag der dreistufigen Volksgesetzgebung eine **Medienklausel, die in allen drei Stufen** zum Tragen kommt. Wenn eine *Volksinitiative* an das Parlament übergeben wird, haben die öffentlich-rechtlichen und privaten Medien über den eingebrachten Gesetzesvorschlag mit Begründung angemessen zu berichten. Weiterhin haben sie die Einleitung eines *Volksbegehrens* mit dem Anliegen bekannt zu geben. Entscheidend ist die Rolle der Medien jedoch zwischen einem erfolgreichen Volksbegehren und dem *Volksentscheid*. Statt einseitiger Propaganda sollen den Stimmberechtigten sachliche Informationen als Grundlage für ihre Entscheidungsfindung geliefert werden. Kommt es doch in den Wochen und Monaten vor dem Volksentscheid „zur gesellschaftlichen Bearbeitung des Abstimmungsgegenstandes. In dieser Zeit (…) werden sich die meisten Menschen aus der Vergegenwärtigung des Pro und Contra ihr Urteil bilden, aus dem sie dann ihren verantwortungsbewussten Beschluss fassen.“[11] Presse, Funk und Fernsehen sowie die Betreiber von Social-Media-Kanälen haben dafür zu sorgen, dass die Vertreterinnen und Vertreter des Volksbegehrens ihr Gesetzesanliegen selbst unterbreiten und erläutern können. Vor allem muss sichergestellt sein, dass die **Massenmedien** das **Für und Wider der Diskussion über den Abstimmungsgegenstand gleichberechtigt darstellen**, um Einseitigkeiten und Verzerrungen im Meinungsbildungsprozess auszuschließen. Konkret heißt dies, dass die Pro- und Contra-Positionen in gleichen Sendezeiten (Funk/Fernsehen ab einer bestimmten Reichweite) und gleichen Umfängen (Druckerzeugnisse ab einer bestimmten Auflagenhöhe) dem Hör-, TV- und Lesepublikum zugänglich gemacht werden. Derartige medienrechtliche Regelungen, die ein Bundesabstimmungsgesetz näher ausführt, sind kein Angriff auf die **Pressefreiheit**. Jeder Sender, jede Zeitung kann zusätzlich seine bzw. ihre Sicht der Dinge vor

---

[11] Arbeitsgemeinschaft Demokratie und Recht (o. J.), S. 14.

einem Volksentscheid darlegen. Gesetzlich garantiert muss aber die gleichberechtigte Berichterstattung über die Pro- und die Contra-Seiten sein. Hierbei sind Artikel 5 (Pressefreiheit) und Artikel 14 Absatz 2 (Sozialpflichtigkeit des Eigentums) im Grundgesetz heranzuziehen. Die **„Öffentlich-Rechtlichen"**, denen das Bundesverfassungsgericht eine ausgewogene, tendenzfreie und neutrale Informationspflicht zuschreibt, haben sich ohnehin daran auszurichten.[12] Für die **privatwirtschaftlich organisierte Medienwelt** hat der Hamburger Staatsrechtler Ingo von Münch eine verfassungskonforme Richtung der medienrechtlichen Ausgestaltung aufgewiesen[13]. Da **Social-Media-Kanäle** im Internet die Willensbildung ebenso stark berühren, sind auch sie Bestandteil der Medienklausel. Zu den „Lebensbedingungen der dreistufigen Volksgesetzgebung" sind für die Sicherung von Information und ausgewogener Berichterstattung der Medien demnach *„Organe* nötig, die ‚erfunden‘ (…) werden müssen, wie ja auch der Parlamentarismus im Laufe seiner gut zweihundertjährigen Entwicklungsgeschichte Schritt für Schritt die Organe ausgebildet hat, die ihn (…) allmählich funktionstüchtig gemacht haben".[14]

Erstattung der Auslagen der Initiative

Parteien wirken an der Willensbildung der Bevölkerung mit. Das kostet Geld, weshalb sie über bestimmte Verfahren (etwa der Wahlkampfkostenerstattung) einen Teil ihrer Aufwendungen aus öffentlichen Mitteln zurückerhalten. Auch Bürgerinitiativen, die sich um die Willensbildung zu Sachfragen kümmern, haben Anspruch auf eine angemessene Aufwandsentschädigung ihrer Bemühungen.

---

[12] Rolf Schwartmann (2019). Er schlägt in seinem Beitrag auch eine Regelung für die Internetplattformen vor.

[13] Ingo von Münch: „Öffnungsklauseln bei Zeitungen und Zeitschriften" (Metzner 1977). Es wäre lohnenswert, diesen auch in der Bürgerrechtsbewegung kontrovers diskutierten Gegenstand umfassend aufzuarbeiten.

[14] Hasen-Müller/Heidt 1992, S. 124 (Hervorhebung im Original).

Springender Punkt: Das Volk entscheidet selbst über die Einführung

Der sinngemäß von Goethes Faust stammende Spruch „Das was bedenke wohl, doch mehr das wie!"[15] spielt bei der Frage, auf welchem Weg die dreistufige Volksgesetzgebung ins Grundgesetz Eingang findet, die alles entscheidende Rolle. Zwei Vorgehensweisen sind denk- und begehbar:

1. Bundestag und **Bundesrat** würden sich dazu aufraffen, aus Einsicht oder aufgrund von außerparlamentarisch anschwellendem Druck mit qualifizierten Zweidrittelmehrheiten eine Verfassungsänderung zu beschließen, wodurch die Kernpunkte der dreistufigen Volksgesetzgebung im Grundgesetz verankert wären. Dazu käme noch – analog zum Bundeswahlrecht – ein ausgearbeitetes **Bundesabstimmungsrecht**, in welchem die Feinheiten der Modalitäten geregelt sind und das zeitnah verfügbar ist. So schön ein solcher Vorgang klingt, verkennt er die damit einhergehende Gefahr, dass eine solche demokratische Reform am Bewusstsein vieler Menschen vorbeigehen würde. Auch müsste man diesen Akt als „Geschenk von oben", als gnädiges Zugeständnis, empfinden.

2. Der Souverän befindet selbst darüber. Grundgedanke hierbei ist, dass über ein neu vorgeschlagenes demokratisches Prozedere wie das der dreistufigen Volksgesetzgebung auch in einem demokratischen Beschluss ermittelt werden muss, ob es von der Mehrheit der Stimmbürgerschaft überhaupt gewollt wird.[16] Womöglich gibt es weitere Vorschläge der grundgesetzlichen Ausgestaltung des Abstimmungsrechts, die bei dieser Gelegenheit der Bevölkerung gleich mit zur öffentlichen Diskussion und Beschlussfassung vorgelegt werden können.

---

[15] Faust, Der Tragödie zweiter Teil, 2. Akt, Laboratorium, Homunculus/Wagner.

[16] In diesem Punkt unterscheidet sich die Forderung der Bürgerbewegung „Mehr Demokratie" von der Arbeitsweise der Achberger Werkstatt. Ausführlicher dazu in Kapitel 9.

3. Menschenkundliche und entwicklungsgeschichtliche Aspekte

Fremdherrschaft, Manipulation des Volkswillens, Aktivbürgerschaft

„Die Demokratie kann der Bedrohung durch autoritäre Gesellschaften standhalten, wenn sie sich von einer passiven ‚Zuschauerdemokratie' zu einer aktiven ‚Mitbestimmungsdemokratie' (…) wandelt, in der die Belange der Gemeinschaft für den Einzelnen ebenso wichtig sind wie seine eigenen Angelegenheiten oder, noch besser, in der das Gemeinwohl von jedem Bürger als sein ureigenstes Anliegen angesehen wird. Viele Menschen haben festgestellt, dass ihr Leben interessant und anregend wurde, als sie anfingen, sich für Probleme der Gemeinschaft zu engagieren. Eine echte politische Demokratie kann in der Tat als Gesellschaftsform definiert werden, in der das Leben genau das ist – *interessant*. (…) Eine solche Mitbestimmungs-demokratie ist unbürokratisch und schafft ein Klima, in dem Demagogen kaum gedeihen."
(Erich Fromm, Haben oder Sein)

„Der dreistufige plebiszitäre Prozess ist in keiner Phase auf Akklamation, sondern immer auf individuelle Beitritte abgestellt. Dieser Prozess appelliert in keiner Phase an bloße Emotionen, sondern stellt die politische Entscheidung auf das überschaubare Feld einer rationalen Einzelentscheidung. Der dreistufige plebiszitäre Prozess ist nicht ein Abruf unreflektierter Meinungen oder Launen (wie bei der Demoskopie), sondern fordert zu einem sozialen Gestaltungsprozess heraus, der seinem Wesen nach und gerade dank der großen Zahl der Menschen und deren Anonymität sich inhaltlich nur auf die gesellschaftliche Vernunft erstrecken kann. Das dreistufige Verfahren durchmisst den anthropologischen Dreischritt von Denken, Fühlen und Wollen und vermittelt diese Strukturierung an die Gesellschaft. Es verleiht somit dem sozialen Ganzen erst das Menschenbild der Vollbürgerschaft."
(Flensburger Hefte, Volkssouveränität und Volksgesetzgebung)

<u>**Zusammenfassung**</u>

Die Dreistufigkeit in der Volksgesetzgebung ist Grundvoraussetzung dafür, das Legitimationsdefizit der Politik in der Gesetzgebung zu beheben und die parlamentarische zur komplementären Demokratie weiterzuentwickeln. Der dreistufige Prozess ist durch seinen freiheitlichen Charakter gekennzeichnet und dabei plebiszitären Verfahren vorzuziehen, welche direkte Demokratie „von oben" verordnen. Mit der dreistufigen Volksgesetzgebung kann die Kreativität der Gesamtbürgerschaft und nicht nur die von Einzelnen oder Gruppen einfließen. Welche moderne Gesellschaft kann es sich erlauben, darauf zu verzichten? –

Die Wahl von Kandidaten in Parlamente bedeutet in der Regel, die eigenen Wünsche und Forderungen für die Gestaltung der Rechtsordnung für eine bestimmte Zeit (in der Regel vier bis fünf Jahre) an Vertreter zu übertragen. Hieraus entsteht ein Dilemma, das folgendermaßen beschrieben werden kann: „Wie auch immer man das Wahlprinzip im Detail regelt: Jede Wahl hat ihre Grenze darin, dass die Wählerschaft a) nie wirklich wissen kann, ob diejenigen, die zur Wahl stehen, für die Aufgaben, die sich in den parlamentarischen Funktionen stellen, auch die Fähigkeiten mitbringen, und – was noch problematischer ist – b) mit ihrer Stimme immer nur pauschal einem meist unüberschaubaren programmatischen Paket einer bestimmten Partei grünes Licht geben kann; ganz zu schweigen davon, dass es ja durchaus normal ist, wenn nach der Wahl Fragen aufkommen, die vor der Wahl für die Willensbildung der Wählerschaft nicht präsent waren."[17] Ein differenziertes Votum über Sachthemen ist beim reinen Wahlakt ausgeschlossen – zumal die Richtschnur des politischen Handelns derzeit ohnehin in Gestalt von Kompromisslösungen, die in ausgehandelten Koalitionsverträgen fixiert werden, völlig der Einflussnahme der Wählerschaft entzogen sind. Ohne Korrekturmöglichkeit nimmt die Fremdbestimmung ihren Lauf!

---

[17] Hasen-Müller/Heidt 1992, S. 121.

Betrachtet man im Gegensatz zum Wahlvorgang den Prozess der Volksgesetzgebung in seinen drei Stufen, zeigt sich: Dort kann im Prinzip jeder Mensch seine Kreativität bei der Gesetzgebung ins Spiel bringen, die Fremdbestimmung wird zugunsten der Selbstbestimmung zurückgedrängt. Darüber hinaus lassen sich die menschlichen Seelenqualitäten von **Denken**, **Fühlen** und **Wollen** im Verlauf gut ablesen. Das wird schon zu Beginn des dreistufigen Verfahrens in der **Volksinitiative** deutlich: „*Individuelles* Bewusstsein ergreift eine Idee, konkretisiert sie zum Entwurf eines Gesetzes und bringt diesen als Antrag in die öffentliche Debatte", betonen Bertold Hasen-Müller und Wilfried Heidt.[18] Es ist diejenige Phase, in welcher „eine Rechtsidee überwiegend ihre *konzeptionell kreative Phase im Denken*" durchlebt.[19] Im Mittelpunkt, sozusagen im Fokus, steht ein konkreter rechtlicher Regelungsvorschlag, den man per Unterschrift aus freiem Entschluss mittragen kann. Macht sich die Volksvertretung die Volksinitiative nicht zu eigen, kann hierzu in einem nächsten Schritt ein **Volksbegehren** in die Wege geleitet werden. In dieser zweiten Phase wird „die *Notwendigkeit des Anliegens erfühlt*" und im Sozialen erkundet, „ob der Gemeinwille die anstehende Frage annehmen will"[20], ob also die Rechtsgemeinschaft den vorgeschlagenen Gesetzentwurf als Beschlussvorlage „begehrt". Im **Volksentscheid**, als dritter Stufe des Verfahrens, wird „die Gesamtbürgerschaft hauptsächlich in ihrem *Wollen* angesprochen". Jeder Einzelne übernimmt mit seinem Willensentschluss die Verantwortung, sich aktiv an der Gesetzgebung zu beteiligen – oder sich zu enthalten und dem Entscheid fernzubleiben.

Schön zu erleben ist an der dreistufigen Volksgesetzgebung der sich darin ausdrückende **freiheitliche Charakter**. Dieser kommt in mehrfacher Hinsicht im Verfahren zum Ausdruck. In allen drei Stufen können die Menschen in Bezug auf eine Sachfrage durch individuellen Entschluss

---

[18] a.a.O. (Hervorhebung im Original).

[19] Flensburger Hefte 1990, S. 128 (Hervorhebung im Original).

[20] a.a.O., S. 130 (Hervorhebung im Original).

eine Initiative oder ein Begehren unterstützen. In der Informationsphase vor dem Entscheid können sie sich bei Interesse über den Abstimmungsgegenstand kundig machen. Und im Entscheid selbst steht es ihnen frei, für oder gegen den Vorschlag zu sein oder auf ein Votum zu verzichten.[21]

In das Verhältnis von dreistufiger **Volksgesetzgebung zur parlamentarischen Gesetzgebung** spielt der emanzipatorische Gesichtspunkt ebenso hinein. Die Abgeordneten der Volksvertretung können frei darüber beschließen, wie sie mit einer außerparlamentarisch eingebrachten Volksinitiative umgehen wollen – ob sie sie unverändert übernehmen oder ablehnen, sie als Anregung für die eigene Parlamentsarbeit aufgreifen oder sich ganz enthalten. Andererseits erhält die Gesamtbürgerschaft ausschließlich Vorschläge von erfolgreichen Volksbegehren zur Beschlussfassung. „Diese dreistufige Grundordnung der Volksgesetzgebung steht autonom neben den parlamentarisch-organschaftlichen Einrichtungen. Weder wird die parlamentarische Arbeit vom plebiszitären Wollen unter Druck gesetzt, etwas zu beschließen, was die Volksvertretung nicht beschließen möchte, noch wird der Gemeinwille durch parteienstaatliche Instanzen manipuliert bzw. in diese oder jene Richtung gedrängt."[22]

Wenn man an dieser Stelle weiterdenkt, wird klar: All diejenigen plebiszitären Prozesse, in denen **Willensbildung „von oben", also von einem Staatsorgan initiiert** geschieht (Regierung, Parlamentsminderheit oder -mehrheit, Staatspräsident, zweite Parlamentskammer usw.), widersprechen der Freiheitsidee im Sozialen von Grund auf. Zur Genüge sind sie in Staatsverfassungen eingebaut worden, haben nicht freie Gesetzesinitiativen aus der Mitte der Bevölkerung zum Ausgangspunkt, sondern sind geleitet von parteilichen Interessen innerhalb von oder zwischen Organen der Legislative und Exekutive. Beispielhaft seien hierfür die Volksabstimmung über das Bahnprojekt „Stuttgart 21" (2011) oder das Brexit-Referendum (2018) in Großbritannien angeführt. Beide Male ging die

---

[21] Diesen Freiheitsaspekt machen Beteiligungs- und Zustimmungsquoren zunichte.

[22] Arbeitsgemeinschaft Demokratie und Recht (o. J.), S. 15.

Initiative von den Regierungen und nicht vom Volk aus. Manchmal werden **Plebiszite** von oben auch veranstaltet, um „Disziplinierungsmaßnahmen" in die Wege zu leiten – etwa bei Konflikten zwischen einer Mehrheit und einer Minderheit im Parlament. Somit verkommen direktdemokratische Regelungen zum Spielball von Partikularinteressen.

Im Gegensatz zum menschenkundlichen Gehalt der dreistufigen Volksgesetzgebung legen die heutzutage sehr hoch im Kurs stehenden **Meinungsumfragen** zu allen denkbaren Themen lediglich Stimmungslagen und deren Schwankungen offen. Die Antworten der befragten Bürgerinnen und Bürger – ganz ohne eingehende Reflexionsmöglichkeit, ohne abwägende Meinungsbildung und ohne finale Entscheidungsbefugnis – werden aus einer Stichprobe auf die Grundgesamtheit der Bevölkerung hochgerechnet und die Ergebnisse als „Stimmungsbarometer" präsentiert. Ganz schlimm wird es, wenn daraus Bestätigungen oder Korrekturbedarf für politische Entscheidungen abgeleitet werden und sich die gewählten Vertreter legitimiert fühlen, schon die „richtigen" Entscheidungen für ihre Bevölkerung zu treffen. Hier dankt der Gemeinwille zugunsten einer auf empirisch-wissenschaftlicher Methode gewonnenen Mehrheitsüberzeugung ab. Die Demokratie wird der **Demoskopie** geopfert.

Überhaupt nicht zufriedenstellen kann unter dem Gesichtspunkt der Volkssouveränität das Instrument der sogenannten **Volksbefragung**. Dabei wird von der Gesamtheit der Stimmbürgerschaft ein „Meinungsbild" über ein Gesetz oder einen bestimmten Gegenstand der politischen Willensbildung eingeholt – ohne den eigentlichen abschließenden Willensakt. Denn relevant ist eine derartige Befragung nicht, der Mehrheitsbeschluss ist nicht bindend. Entscheiden über die Sache dürfen die üblichen Stellvertreter: das Parlament oder ein anderes Staatsorgan. Dem Volk bleibt die willensschwächende Zuschauerrolle.

Auch die vielfach propagierten **Bürgerräte** sind kein Ersatz für die dreistufige Volksgesetzgebung. So sehr sie die Parlamentsarbeit bereichern, beleben und begleiten können: Die Entscheidungen werden nach wie vor von den gewählten Abgeordneten getroffen. Die weiter herrschende

Fremdbestimmung wird durch zugeloste Bürgerräte nicht beseitigt, sondern mehr und mehr offensichtlich.

4. Zu den Ursprüngen der Volksgesetzgebung

Rittinghausen, die Schweiz und die „Weimarer Erfahrungen"

„Das bloße Abstimmungsrecht des Volkes über die ihm von oben herab
vorgelegten Gesetze ist *nicht* die direkte Gesetzgebung durch das Volk.
Vor allen Dingen verlangt diese, dass das Volk in direkter Weise *durch eigene
Initiative, durch sein Vorschlagsrecht,* in die Gesetzgebung eingreifen und
mindestens seiner Abstimmung Gesetzentwürfe unterwerfen könne, die nicht
ihren Ursprung in einem zu ihrer Entwerfung eingesetzten Apparate, in einer
dazu gewählten, das Volk in dieser Aufgabe angeblich vertretenden
Versammlung haben, sondern in den Massen selbst oder in einem starken
Bruchtheile derselben entstanden sind."
(Moritz Rittinghausen, Die direkte Gesetzgebung durch das Volk, 1893)

„Wir sollten das Volk mehr in die Gesamtentscheidung einschalten. Hätten wir
das vor 1933 getan, es wäre durchaus anders gekommen; es wäre nicht möglich
gewesen, dass Hitler mit seinen etwas mehr als 40 Prozent die Mehrheit des
Volkes überrennen und sich durch ein Ermächtigungsgesetz dann nachher völlig
in den Sattel setzen konnte."
(Friedrich Middelhauve im nordrhein-westfälischen Landtag, 27.11.1947)

Zusammenfassung

Der sozialdemokratische Politiker Moritz Rittinghausen hat als Erster die
Idee der direkten Gesetzgebung durch das Volk ausgearbeitet und ab
Mitte des 19. Jahrhunderts konkrete Überlegungen zu deren Umsetzung
veröffentlicht. Auf fruchtbaren Boden fielen seine Vorschläge in der
Schweiz – also demjenigen Land, welches weltweit auf die inzwischen
älteste direktdemokratische Tradition zurückblicken kann. Unmittelbar
nach dem Ersten Weltkrieg wurden in der Weimarer Republik die Stufen
des Volksbegehrens und Volksentscheids in der neuen Reichsverfassung

verankert. Doch ein tragisches Missverständnis bei der Inanspruchnahme des Verfahrens führte dazu, dass sich die Volksgesetzgebung zwischen 1919 und 1933 in Deutschland nicht wirklich entfalten konnte. Dass Volksentscheide zum Niedergang führten oder gar Volksabstimmungen Hitler zur Macht verhalfen, gehört zwar erwiesenermaßen ins Reich der Legendenbildung. Doch verfehlt diese bis zur Gegenwart ihre Wirkung nicht. –

Als „direktdemokratische Frucht" der französischen Revolution können die in die Konventsverfassung von 1793 aufgenommene Volkssouveränität und die Mitwirkungsrechte des einzelnen Bürgers an der Gesetzgebung angesehen werden.[23] Eine entwicklungsgeschichtliche Verortung derselben, und wie diese in großflächigen Staatszusammenhängen des 19. Jahrhunderts praktikabel gemacht werden kann, unternahm der Rechtsanwalt und Politiker **Moritz Rittinghausen (1814-1890)**. Er war „der erste, der das Konzept der direkten Gesetzgebung durch das Volk ins Zentrum seiner politischen und philosophischen Arbeit stellte".[24] Seine Vorstellungen mündeten in eine mehrbändige Ausarbeitung[25], die, in mehrere Sprachen übersetzt, in liberal-demokratischen und freiheitlich-national gestimmten Kreisen sowie Teilen der Arbeiterbewegung eine gewisse Verbreitung fand. Gleich an mehreren Schauplätzen des revolutionären Aufbruchs im Europa der 1848er-Zeit tummelte sich Rittinghausen und brachte seine Überzeugungen in Wort und Papierform in die Öffentlichkeit.[26] Seine Fundamentalkritik am Parlamentarismus gipfelte in der Forderung nach einer rein direktdemokratischen Gesetzgebung

---

[23] Auszugsweise abgedruckt im Eingangszitat von Kapitel 2.

[24] Bauser 1992, S. 48.

[25] Rittinghausen 1893.

[26] Eine umfängliche Biografie über Moritz Rittinghausen liegt immer noch nicht vor. Eine ausführlichere Darstellung seiner Lebensstationen und des politischen Vermächtnisses findet man bei Peter Barth (1994).

ohne gewählte Repräsentationsorgane – eine den heutigen Lebensverhältnissen nicht mehr angemessene Form des Staatswesens.

Dennoch lohnt es sich, den „Radikaldemokraten" und seine Ansichten zu studieren: Zum einen sind die von dem späteren Reichstagsabgeordneten ins Feld geführten Argumente gegen eine rein repräsentative Staatsform mit deren Auswüchsen teils von erschreckender Aktualität. Zum anderen fanden seine Ideen von der Volksgesetzgebung bereits zu Lebzeiten nachhaltig Anklang. Moritz Rittinghausen war Sozialdemokrat und prägte die Programmatik seiner Partei in der zweiten Hälfte des 19. Jahrhunderts nachhaltig. Sowohl bei der Begründung der Sozialdemokratischen Arbeiterpartei Deutschlands (1869) im Eisenacher Programm[27] als auch in der nachfolgenden Programmatik von Gotha (1875)[28] und Erfurt (1891)[29] lässt sich seine Handschrift nachweisen.

Auch im Ausland suchte der politisch sehr umtriebige Moritz Rittinghausen intensiv den Austausch seiner Ideen. Da die Arbeiterbewegung bald nach ihrer Entstehung international organisiert war, knüpfte er auf dem Vierten Jahreskongress der Internationalen Arbeiterassoziation in Basel unter anderem Kontakte zu Gleichgesinnten in der **Schweiz**, wie etwa dem Frühsozialisten Karl Bürkli[30], und nahm das Forum als willkommene Gelegenheit, seine Ideen zu propagieren. Rittinghausen veröffentlichte in eidgenössischen Medien über sein Anliegen und trug mit dazu bei, dass mehrere Kantone volksgesetzgeberische Elemente in ihre Landesverfas-

---

[27] „Als die nächsten Forderungen in der Agitation der sozialdemokratischen Arbeiterpartei sind geltend zu machen: (…) Einführung der direkten Gesetzgebung (das heißt Vorschlags- und Verwerfungsrecht) durch das Volk." (Programmpunkt III/2.)

[28] „Die Sozialistische Arbeiterpartei Deutschlands fordert als Grundlagen des Staates: (…) Direkte Gesetzgebung durch das Volk. Entscheidung über Krieg und Frieden durch das Volk. (Programmpunkt II/2)

[29] „Direkte Gesetzgebung durch das Volk vermittels des Vorschlags- und Verwerfungsrechts." (Punkt 2)

[30] Barth 1994, S. 42 ff.

sungen aufnahmen. In der Bundesverfassung fanden die Bestrebungen der Schweizer Demokratiebewegung ihren Niederschlag in der Einführung des **fakultativen Gesetzesreferendums** (1874)[31] und der **Verfassungsinitiative** (1891)[32], der sogenannten „Volksinitiative" – beide Male auch zu finanziellen Angelegenheiten. Bereits seit 1848 sieht jene das **obligatorische Verfassungsreferendum** vor.[33] Ferner gibt es die Möglichkeit, aus der Mitte der Bevölkerung eine **Totalrevision der Bundesverfassung** anzustoßen.[34]

So sehr die Schweiz als Musterländle der Volksgesetzgebung angesehen wird und global in der Tat die führende Rolle einnimmt: Gemessen am Ideal der in Kapitel 2 des Buches entwickelten dreistufigen Volksgesetzgebung mit der Medienklausel weisen die schweizerischen Regelungen im Bund durchaus Mängel und Reformbedarf auf. Diese Feststellung mag – mit Blick auf die Verhältnisse im benachbarten „großen Kanton" Deutschland – anmaßend, überheblich, ja geradezu ketzerisch klingen. Dennoch besteht durchaus **Verbesserungspotenzial**:

- Das *Initiativrecht* der Bevölkerung ist auf die Verfassungsgebung als Ganzes und auf einzelne Änderungen der Verfassung beschränkt. Einfache Bundesgesetze können „von unten" nicht initiiert werden.

- Eine *Medienklausel*, die die gleichberechtigte Wiedergabe von Für und Wider in den Massenmedien sicherstellt, gibt es bislang

---

[31] Nach Art. 141 (BV) können 50 000 Stimmberechtigte binnen 100 Tagen über die vom Parlament beschlossenen Bundesgesetze, Bundesbeschlüsse oder völkerrechtliche Verträge eine Abstimmung darüber fordern.

[32] Art. 139 (BV) sieht vor, dass das Volk über einen Gesetzesvorschlag zur Änderung der Bundesverfassung abstimmt, wenn innerhalb von 18 Monaten 100 000 Stimmberechtigte per Volksbegehren diesen unterstützt.

[33] Obligatorisches Referendum, vgl. Art. 140 (BV).

[34] Art. 138 (BV).

auf keiner politischen Ebene der Schweiz. Im Bundesgesetz über die politischen Rechte ist lediglich festgelegt, dass in einer Art „Abstimmungsheft", welches wenige Wochen vor dem Entscheid allen Haushalten zugestellt wird, die Positionen der Initiative(n) und der Regierung authentisch erscheinen.

- Auch wenn die eidgenössische Verfassungsinitiative als „Volksinitiative" bezeichnet wird: Dem Charakter nach handelt es sich um ein Volksbegehren zum Volksentscheid. Eine *Volksinitiative* im Sinne einer ans Parlament gerichteten Gesetzesinitiative aus der Bevölkerung sieht das schweizerische Bundesrecht nicht vor. Parlament und Volk arbeiten an der Gesetzgebung unvermittelt in einer Art von Gegnerschaft und nicht als Partner, die in einer frühen Phase vermittelnd aufeinander wirken könnten.

- Zum Verfassungsgesetzentwurf einer „Volksinitiative" kann die Parlamentsmehrheit einen eigenen *Gegenentwurf* mit zur Abstimmung stellen.

Zurück zu Moritz Rittinghausen: An die von ihm entwickelte Idee der direkten Gesetzgebung hat nach 1918 die **Weimarer Nationalversammlung**, die mit der Ausarbeitung der **neuen Reichsverfassung** (WRV) betraut war, angeknüpft.[35] Gesetzentwürfe konnten von nun an außerparlamentarisch durch Volksbegehren nach Erreichen eines Zehntels der Stimmberechtigten zum Volksentscheid führen.[36] Im Ergebnis gab es acht Versuche, diesen Weg zu beschreiten.[37] Nur zweimal (Fürstenenteignung

---

[35] „Seit mehr als 50 Jahren ist in den Programmen der sozialdemokratischen Partei die direkte Gesetzgebung durch das Volk anerkannter Besitz der Partei." (Oskar Cohn, 49. Sitzung der Nationalversammlung, 7. Juli 1919).

[36] Gemäß Art. 73 Abs. 3 (WRV).

[37] Pestalozza 1981, S. 29.

1926, Young-Plan 1929) kam es zum Volksentscheid, der jedoch beide Mal nicht rechtswirksam wurde. Hier spielt eine große Tragik hinein: Wurde doch die Bestimmung in Artikel 75 (WRV), die ein Beteiligungsquorum von 50 Prozent der Stimmberechtigten für Volksabstimmungen auf Initiative des Reichspräsidenten, des Reichsrats (Länderkammer) oder aus der Mitte des Reichstags vorsah, auch für Volksentscheide infolge erfolgreicher Volksbegehren angewendet. Faktisch hat kein einziger Volksentscheid die Gesetzgebung zwischen 1919 und 1933 geprägt. Der Vorwurf, die Weimarer Republik sei an der direkten Demokratie zugrunde gegangen, trifft also nicht zu.

5. Erste demokratische Schritte

Deutschland nach der Stunde null

„Das elementare demokratische Grundrecht der Selbstbestimmung
muss auch dem deutschen Volk gewährt werden. Das deutsche Volk
will über den späteren Aufbau seines Landes selbst entscheiden."
(Aufruf zum Volksbegehren „für die Einheit Deutschlands", 16. April 1948)

„Neu aufkommende politische Bewegungen oder Strömungen (sollten) sich
zuerst in den normalen legislativen Organen Spielraum verschaffen. (…) Geben
wir nun die Möglichkeit, diese Bewegungen durch eine Volksabstimmung direkt
ins Leben zu rufen, so setzen wir uns der Gefahr unabsehbarer Erschütterungen
aus. Ein agitatorisch geschickt ausgenützter Volksentscheid, dass das verfassungsmäßig gesicherte Berufsbeamtentum abgeschafft werden soll, hätte bei der
weitverbreiteten Wut gegen die Bürokratie und das Beamtentum im jetzigen
Zeitpunkt durchaus die Chance durchzukommen."
(Adolf Süsterhenn, CDU, Plenarsitzung des Verfassungskonvents, 23.8.1948)

Zusammenfassung

War das 1949 verabschiedete Grundgesetz als eine rein repräsentativ
konzipierte und ausgestaltete Verfassung ohne volksgesetzgeberische
Elemente gewollt? Darüber gibt es bis heute unterschiedliche Auffassun-
gen. Zur Aufklärung beitragen kann hier ein differenzierter Blick auf die
unmittelbare Nachkriegszeit in Deutschland. Dieser macht nicht Halt an
den Grenzen der Arbeit des Parlamentarischen Rats, der das Grundgesetz
zur Beschlussvorlage ausarbeitete. Andere Faktoren – wie die Verfassungsgebung der Länder, die Vorstellungen der Parteien, die Entwicklungen in der sowjetisch besetzten Zone und die Vorarbeiten der Delegierten
bei ihren Beratungen im Herrenchiemseer Konvent – sind für eine Ge-

samtschau und Klärung der Fragestellung heranzuziehen. In diesem und dem Folgekapitel werden dazu wichtige Entwicklungslinien beleuchtet. –

In den vorangegangenen Ausführungen wurde versucht, die Demokratie in ihrer Grundgestalt zu beschreiben und diejenigen Kernpunkte herauszuarbeiten, die in einem Staat vorhanden sein müssen, damit die stimmberechtigten Bürgerinnen und Bürger ihre Souveränität als Rechtsgemeinschaft ausüben können. Aufgezeigt wurde, dass hierfür Wahlen zur Volksvertretung (Parlament) eine notwendige Bedingung darstellen. Als alleinige unmittelbare Form der Ausübung der Staatsgewalt werden sie dem Erfordernis eines demokratischen Gemeinwesens wegen der fehlenden Legitimität von Entscheidungen nicht gerecht. Hier benötigt es ein jederzeit verfügbares Verfahren wie die dreistufige Volksgesetzgebung mit der darin eingebetteten Medienklausel. Gleichberechtigt nebeneinanderstehend und mit ihren jeweiligen Lebensprozessen in möglichst optimaler Weise verzahnt, stellen **Wahlen** (Personenentscheidungen) und **Abstimmungen** (Sachentscheidungen) die beiden unmittelbaren Ausdrucksmöglichkeiten einer Rechtsgemeinschaft und somit das Wahlrecht und Abstimmungsrecht die beiden Standbeine einer Demokratie dar.

Vor diesem Hintergrund untersuchen wir in diesem und dem nächsten Kapitel die Vorgänge rund um die Gründung der Bundesrepublik Deutschland und die Entstehung des **Grundgesetzes**. Seit Inkrafttreten desselben in der Nacht vom 22. auf 23. Mai 1949 beziehen sich Politiker wie Wissenschaftler bis auf den heutigen Tag auf die Beschlüsse der Gründungsväter und Gründungsmütter der gemeinsamen Nachkriegsverfassung der westdeutschen Besatzungszonen. Immer wieder wird hierbei behauptet, das Grundgesetz als Verfassung trage sowohl konzeptionell als auch in der Ausgestaltung ein streng repräsentatives Korsett. Das außerparlamentarische Gesetzesinitiativ- und Abstimmungsrecht sei bei der Ausarbeitung der als provisorisch veranlagten neuen Verfassung 1948/49 rundweg abgelehnt worden, heißt es aus Sicht der **„herrschenden Lehre"**, was sich bis heute hartnäckig in vielen Köpfen hält. Auch hätten Volksbegehren und Volksentscheide zur Abschaffung der Weimarer Republik beigetragen.

Hält die genannte Betrachtungsweise, die im Gewand eines Narrativs daherkommt und seit Jahrzehnten die Diskussionen prägt, den geschichtlichen Tatsachen stand? Es dauerte längere Zeit, angesichts der komplexen Verhältnisse der Nachkriegszeit und der unsicheren Quellenlage im Nachgang die Ereignisse zu rekonstruieren, Motive und Entscheidungen der damaligen Entscheidungsträger auf den unterschiedlichen politischen Bühnen sowie all diejenigen Vorgänge und Einflüsse zusammenzutragen und zu gewichten, die die Verfassungsgebung der Bundesrepublik betreffen. Um es vorwegzunehmen: Im Lichte der zutage geförderten Forschungsergebnisse sind nach heutigem Ermessen Zweifel an der vorherrschenden Auffassung angebracht, welche das Grundgesetz in seinen Grundpfeilern rein repräsentativ interpretiert.

Dem Berliner Politikwissenschaftler **Otmar Jung**, der sich als Experte eingehend mit dem Thema „Direkte Demokratie" in der jüngeren deutschen Geschichte befasst hat, kommt insoweit die verdienstvolle Aufgabe zu, einen klärenden und differenzierenden Einblick in die vielschichtigen Verhältnisse im Umkreis der Ausarbeitung und Verabschiedung des Grundgesetzes gegeben zu haben. In einem mehrjährig angelegten Forschungsprojekt, dessen Ergebnisse 1994 in die Buchpublikation „Grundgesetz und Volksentscheid" eingeflossen sind, untersuchte er anhand umfangreicher und vergleichender Quellenstudien die Geschehnisse, die zur westdeutschen Staatsgründung führten. Er bezog die Interventionen der alliierten Militärregierungen im besetzten Deutschland ebenso ein wie die Ländergründungen und, darauf fußend, Motivlagen und das Agieren der gewählten Landesparlamentarier, Landesregierungen und deren Experten und Vertreter, die in die späteren Gremien entsandt wurden, um das Grundgesetz beschlussreif zu machen. Außerdem beleuchtete der Berliner Politikwissenschaftler in seinem Standardwerk die Rolle der Parteien und deren damalige Wortführer, den Diskussionsstand aufgrund von Parteitagsbeschlüssen und der Meinungsbildung sowie die teils wechselnden Beschlusslagen in der parteiinternen Gremienarbeit.

Darüber hinaus befasste sich Otmar Jung eingehend mit den unterschiedlichsten direktdemokratischen Partizipationsformen, die in der damaligen

Zeit bei Beratungen auf der Tagesordnung standen. Er verfolgte deren jeweils „eigene Rezeptionsgeschichte" über die einzelnen Etappen der Verfassungsgebung in den neu entstandenen Ländern und der Arbeit für die Bildung einer neuen bundesstaatlichen Rechtsordnung. Schließlich bezog Jung die Entwicklungen in der damaligen sowjetischen Besatzungszone (SBZ) in seine Untersuchungen ein und arbeitete dabei insbesondere heraus, welche Reaktionen das Agieren der dortigen maßgebenden politischen Kräfte mit dem Heraufziehen des Kalten Kriegs – dem Systemgegensatz zwischen Ost und West – in den Regionen Deutschlands, die unter Kontrolle der Westalliierten standen, mit sich brachte.

Unter den genannten Vorzeichen ergeben sich als Antwort auf die Frage, welche Rolle die Volksgesetzgebung im Vorfeld der Erarbeitung und Verabschiedung des Grundgesetzes gespielt hat, die nachfolgenden **Einflussfaktoren**:

- **Landesverfassungsgebung (1946/47)**

  Klammert man den verfassungsgeschichtlichen Prozess in der ostdeutschen Besatzungszone – in welcher nach dem Zweiten Weltkrieg zunächst ebenfalls Länderstrukturen hervorgingen – an dieser Stelle aus, zeigt sich: Die Akteure, in der Regel Parteipolitiker der aus den ersten freien Wahlen nach der NS-Zeit hervorgegangenen Landesparlamente und Landesregierungen, hatten im Prozess der Verfassungsgebung mit direktdemokratischen Elementen zunächst scheinbar keine Berührungsängste. Mit dem erteilten „Segen" der zuständigen Militärregierungen der Alliierten wurde in fünf der sieben „Westländer" (Bayern, Hessen, Baden, Rheinland-Pfalz, Bremen) die Möglichkeit geschaffen, aus der Mitte der Bevölkerung Volksbegehren über landesrechtliche Angelegenheiten zu initiieren, um einen Volksentscheid herbeizuführen. Nur in zwei Ländern (Württemberg-Baden, Württemberg-Hohenzollern) verwarfen die zuständigen Gremien außerparlamentarisch-volksgesetzgeberische Prozesse.

Immerhin wurde in allen sieben genannten Ländern der vorgelegte Verfassungsentwurf nach Fertigstellung per Volksabstimmung (Referendum) mehrheitlich angenommen – allerdings nicht mit der qualifizierten Zustimmung von mindestens 50 Prozent aller Stimmberechtigten pro Land. Wäre ein solches Zustimmungsquorum erforderlich gewesen, wäre, darauf weist Otmar Jung in seinem Buch ausdrücklich hin, auf diesem Wege kein einziges der sieben Verfassungsreferenden durchgekommen.[38] Ein Kuriosum, da just in den einzelnen Ländern bei Volksentscheiden, die auf Verfassungsänderungen abzielten, eben genau dieses 50-Prozent-Zustimmungsquorum im Verfassungsrecht festgeschrieben worden war – ein Widerspruch, den anscheinend niemanden der Befürworter dieses Quorums störte. Kritisch gewürdigt werden muss bezüglich der Regelungen zur direkten Gesetzgebung durch das Volk im Rückblick noch ein weiterer Punkt: Eine mit einem Gesetzentwurf an das Landesparlament gerichtete Volksinitiative war nirgends vorgesehen oder angedacht gewesen. Ebenso wenig eine Regelung in Bezug auf die Rolle der Massenmedien im direktdemokratischen Prozess. Bis auf Bayern und Hessen, wo bei Volksentscheiden über einfach- wie auch verfassungsgesetzliche Vorlagen die Mehrheit der abgegebenen gültigen Stimmen zur Annahme ausreicht, waren im neuen Landesverfassungsrecht Beteiligungs- oder Zustimmungsquoren und teils hohe Quoren bei Volksbegehren vorgesehen, die den Volksentscheid und den Weg dahin fast verunmöglichten.

- **Erste Vorstöße für eine gesamtdeutsche Verfassung (1946/47)**

Hier zeichnete sich in teils parallel verlaufenden Bemühungen ein anderes Bild wie bei den Vorgängen rund um die erwähnten Ländergründungen ab. Mit dem Nürnberger Parteiprogramm der **SPD** beschlossen die Delegierten am 1. Juli 1947 einen Verfassungstext, der die Volksgesetzgebung nicht vorsah. In der von

---

[38] Jung 1994, S. 95.

der **CDU/CSU** erarbeiteten Übergangsverfassung für die Westzonen sowie einer späteren „Deutschen Bundesverfassung" tauchen außerparlamentarische Gesetzgebungsoptionen ebenso nicht auf. Fehlanzeige diesbezüglich auch beim vierten länderübergreifenden Entwurf einer „Verfassung der Bundesrepublik Deutschland" – der über das **Deutsche Büro für Friedensfragen**, eine damals im amerikanisch-französischen Besatzungsgebiet ansässige Institution, Ende 1947 ins Spiel gebracht wurde. Im **Zonenbeirat**, einem parlamentarischen Gremium der westdeutschen Länder unter britischer Besatzungshoheit, sprachen sich Vertreter von CDU, FDP, SPD und DP (Deutsche Partei) ebenso gegen Volksbegehren und Volksentscheide „von unten" aus. Nur die Zentrumspartei befürwortete die Verankerung in der Verfassung.

- **Kampagnen aus der SBZ – verhüllt im plebiszitären Mantel**

Die im April 1946 im Einflussgebiet der Sowjetischen Militäradministration Deutschlands (SMAD) aus dem Zusammenschluss von SPD und KPD hervorgegangene **Sozialistische Einheitspartei Deutschlands (SED)** unternahm bis 1948 drei Anläufe, ihre politischen Ziele mit Mitteln der direkten Demokratie zu verfolgen. In **Sachsen** fand am **30. Juni 1946** ein **Volksentscheid** über das von mehreren Parteien und Verbänden unter Führung der SED zuvor eingebrachte „Gesetz über die Übergabe von Betrieben von Kriegs- und Naziverbrechern in das Eigentum des Volkes" statt. Von den rund 5,3 Millionen Stimmberechtigten sprachen sich, bei rund 93 Prozent Beteiligung, knapp 78 Prozent für die Annahme der Vorlage aus. „Drei Momente wecken Unbehagen", schrieb Otmar Jung in seiner Nachbetrachtung zur Abstimmung.[39] Hauptsächlicher Knackpunkt – neben der juristischen Problematik, die sich laut Jung im Zusammenhang der anvisierten Enteignung von etwa 40 Prozent der betroffenen Unternehmen stellte – war unter volksgesetzgeberischen Gesichtspunk-

---

[39] a.a.O., S. 143 ff.

ten die fehlende Rechtsgrundlage für den Volksentscheid. Der Grund: Zum Abstimmungszeitpunkt existierte keine geltende sächsische Landesverfassung. Weiterhin kann während der rund fünfwöchigen Phase vor dem Urnengang von öffentlicher Diskussion und ausgewogener Abwägung der Standpunkte in den Medien keine Rede sein: Der Volksentscheid sei von staatlicher Seite mit propagandistischer Begleitmusik versehen worden, so Jung. Auch ging dem Entscheid kein Volksbegehren mit einer entsprechenden Eintragungsfrist voraus, was dem Vorgang den Charakter eines „Enteignungs-Referendums" verleihe.

Nächster Baustein in der plebiszitären Strategie der SED war die Forderung nach einem **Volksentscheid über die Föderalisierung Deutschlands**. Dieses unterbreitete der sowjetische Außenminister Molotow bei einer der Pariser Konferenzen der Siegermächte, die Mitte Juli 1946 zur Frage der Zukunft Deutschlands ergebnislos zu Ende gingen. Das gesamte deutsche Volk solle über seine neue staatliche Ordnung selbst entscheiden.[40] Das propagierte der SED-Parteivorstand, der die Anregung aus Moskau begrüßte. Im Westen vermutete man dahinter das Ziel, den Einfluss des kommunistischen Machtbereichs auf Gesamtdeutschland zu sichern. Die Westalliierten sahen für eine derartige Willensbildung eine Gefahr und gingen nicht darauf ein.

Endgültige Fakten zu schaffen versuchte die politische Führung der SBZ mit der dahinterstehenden sowjetischen Militärmacht bei ihrem dritten direktdemokratischen Anlauf: dem **Volksbegehren für die Einheit Deutschlands**. Hierzu wurde versucht, in den östlichen wie auch westlichen Besatzungszonen ab November 1947 die Volkskongressbewegung aufzubauen.[41] Sie sollte, mit enormem propagandistischem Aufwand betrieben, eine deutsch-

---

[40] a.a.O., S. 171 f.

[41] a.a.O., S. 173 ff.

landweite Unterschriftensammlung mit dreiwöchiger Eintragungsfrist vom 23. Mai bis 13. Juni 1948 organisieren. Unterstützt haben diese laut offiziellen Angaben am Ende rund 15 Millionen Menschen. Die Unterschriftensammlung wurde kurz vor der Währungsreform in den Westzonen und der SBZ abgeschlossen, ein paar Tage später (24. Juni 1948) begann die knapp einjährige sowjetische Blockade der westlichen Sektoren Berlins. Hier zeichnete sich also schnell die Spaltung von Nachkriegsdeutschland ab – was natürlich auch das eigentliche Ziel des durchgeführten Volksbegehrens zur Makulatur machte.

- **Der Kalte Krieg in Gange: Reaktionen auf die SED-Strategie**

Mitte 1948, auf dem ersten Höhepunkt des Kalten Krieges zwischen Ost und West, war der Weg zu einer Staatsgründung der westdeutschen Besatzungszonen mit einer Verfassung absehbar, die nach Ansicht der Beteiligten einen provisorischen Charakter annehmen sollte. Bereits seit dem Jahreswechsel 1947/48 sind nach Aussage von Politikwissenschaftler Otmar Jung in der damals vorhandenen Parteienlandschaft Westdeutschlands Veränderungen in der Programmatik auch bezüglich der Volksgesetzgebung erkennbar, die teils überraschend ausfielen.[42] Die **CDU/CSU** blieb bei ihrer ablehnenden Haltung und strich auch das Verfassungsreferendum komplett aus ihrer Konzeption. Die **SPD** begann nun einen „Zick-Zack-Kurs" (Jung): Entgegen der Parteitagsbeschlüsse von Nürnberg legten die Sozialdemokraten einen Entwurf für eine „Westdeutsche Satzung" (zweiter Menzel-Entwurf vom 21. Juli 1948) vor. Er beinhaltete eine Regelung der Volksgesetzgebung nach Weimarer Vorbild mit einigen Änderungen im Verfahrensablauf. Auch das **Zentrum** hielt im „Entwurf einer deutschen Verfassung" an der Volksgesetzgebung à la Weimar fest. Skeptisch bis ablehnend äußerte sich hingegen die Chefetage der **Deutschen Partei** – wie auch die der **Liberalen,**

---

[42] a.a.O., S. 223 ff.

für deren Wortführer lediglich Plebiszite in einzelnen Angelegenheiten „von oben" infrage kamen. Das wird in einem parteiinternen Rundschreiben, datiert vom 20. Juni 1948, deutlich, in welchem Theodor Heuss, der ehemalige Reichstagsabgeordnete und spätere Bundespräsident, in Anspielung an die Instrumente Volksbegehren und Volksentscheide den Satz formulierte: „Die Erfahrungen der Weimarer Republik waren eindeutig."[43]

- Ein richtungsweisender Schritt der Verfassungsgebung für Westdeutschland waren die knapp zweiwöchigen Beratungen im **Verfassungskonvent auf Herrenchiemsee** (Oberbayern, August 1948). Unter großem Zeitdruck arbeiteten im „Sachverständigenausschuss für Verfassungsfragen", wie das Gremium offiziell hieß, Experten und Verfassungspolitiker, die „parteipolitisch, wahlstrategisch, macht- und interessenorientiert dachten", zusammen. Und die meisten von ihnen waren aufgrund ihres Lebensalters und ihrer politischen Sozialisation – geprägt sowohl von der Wilhelminischen Kaiserzeit wie auch der NS-Diktatur – tendenziell „strukturell traditionsgebunden, konservativ, ja obrigkeitlich eingestellt".[44] In „politisch-emanzipatorischer Perspektive" glich der Konvent somit eher einer „Trauerbesetzung". Dieser Menschenkreis hatte die Grundzüge einer Verfassung zu konzipieren, die später als Vorlage für das entstehende Grundgesetz hinzugezogen wurde. Laut Otmar Jung wurden direktdemokratische Verfahren in dem hierfür zuständigen „Unterausschuss III" (auch **Organisationsausschuss** oder Ausschuss für Organisationsfragen/Bundesorgane genannt), dessen Mitglieder insgesamt achtmal zusammenkamen, nur flüchtig behandelt.

---

[43] Anspielungen in dieser Richtung hat Heuss später auch als Mitglied des Parlamentarischen Rats bei den Beratungen über das Grundgesetz gemacht. Zu seinem zwiespältigen Charakter siehe der Exkurs in Kapitel 6.

[44] a.a.O., S. 241.

Gleich in der ersten Sitzung am 13. August 1948 führte der hessische Delegierte Hermann Brill aus, dass aus der Bevölkerung initiierte Volksbegehren sowie Volksentscheide zwar für die Länder- und Kommunalebene, nicht jedoch auf der Ebene des Gesamtstaates zulässig seien. Die geäußerte Ansicht des SPD-Politikers stand zwar im Einklang mit dem seinerzeit geltenden Nürnberger Parteitagsbeschluss vom Vorjahr (1947), der der Volksgesetzgebung eine Absage erteilte. Zugleich formulierte Brill eine Position, die das genaue Gegenteil dessen war, was erst wenige Wochen zuvor im SPD-Entwurf der „Westdeutschen Satzung" festgehalten wurde (siehe oben). Das Hin und Her der Sozialdemokratie zur direkten Gesetzgebung durch das Volk nahm seinen Lauf. Ohne weitere Aussprache zum Thema folgte der Organisationsausschuss der Auffassung von Brill.[45]

Dass der rund 100-seitige Ausschussbericht, der als Vorlage für die abschließenden Beratungen im Plenum erstellt wurde, weder eine ausgearbeitete Begründung der gefällten Entscheidung noch Positionsbeschreibungen zur (im Ausschuss abgelehnten) Volksgesetzgebung enthielt und auch der Berichterstatter in seinem mündlichen Vortrag über die Ausschussarbeit kein Wort darüber verlor[46], rief in der **Plenardebatte** des Herrenchiemseer Verfassungskonvents am 22. August 1948 bei Wilhelm Drexelius Verwunderung hervor. Ihm fehle „eine Erörterung des Problems", gab der Hamburger Delegierte zu Bedenken. Eine Antwort auf seine Bemerkung bekam er laut Mitschrift nicht zu hören. Einen Tag später, in der finalen Plenarsitzung, bezog schließlich Ausschussmitglied Claus Leusser (Bayern) kurz und bündig Stellung: „Wir haben grundsätzlich die Volksgesetzgebung abgelehnt." Und im Abschlussbericht des Konvents wird im „neunten Hauptgedanken" lediglich festgehalten: „Es gibt kein Volksbegehren."

---

[45] a.a.O., S. 237.

[46] a.a.O., S. 242 ff.

6. Der Grundstein ist gelegt

Parlamentarischer Rat und Artikel 20 Absatz 2 Satz 2

„Wir wollen kein Monopol für die repräsentative Demokratie."
(Carlo Schmid, SPD, Grundsatzausschuss Parlamentarischer Rat, 14.10.1948)

„Diese Verfassung lässt aber auch keinen Raum für eine demokratische Fortentwicklung, weil die Kräfte des Volkes in ihr vollständig ausgeschaltet sind. Das Volk wird nach den Bestimmungen dieser Verfassung nur einmal wirksam, und zwar bei der Wahl zum Bundestag. Ein Eingreifen des Volkes in die Legislative in der Form eines Volksentscheids haben Sie nicht vorgesehen. Sie haben alle Anträge abgelehnt, die darauf abzielten."
(Max Reimann, KPD, 10. Sitzung des Parlamentarischen Rats, 8. Mai 1949)

Zusammenfassung

Kein Gründungsplebiszit, kein obligatorisches oder fakultatives Verfassungsreferendum, keinerlei Elemente der direkten Gesetzgebung durch das Volk und daraus abgeleitete Ausführungsbestimmungen, keine speziellen Volksabstimmungen über strittige Einzelthemen, ein überaus kompliziertes und für den Laien nur sehr schwer verständliches Regelwerk zur Länderneugliederung (Artikel 29), das nur vage Beteiligungsoptionen umfasst: Mit der Verabschiedung des Grundgesetzes am 8. Mai 1949, dessen Ratifizierung durch die Länderparlamente und dem Inkrafttreten zum 23. Mai 1949 ist der jungen Bundesrepublik zur Geburtsstunde von ihren Geburtshelfern eine „plebiszitäre Quarantäne" (Otmar Jung) verordnet worden. Alle Hoffnungen der Befürworter der Volksgesetzgebung im Grundgesetz ruhen seitdem auf dem in Artikel 20 Absatz 2 Satz 2 formulierten Wörtchen „Abstimmungen": Durch die Annahme dieser Staatsfundamentalnorm, die grundgesetzlich über Artikel 79 Absatz 3 abgesichert ist, votierte die Mehrheit der Länderparlamente für eine „plebiszitäre Strukturoption" im neuen Bundesverfassungsrecht. Damit ist die komplementäre, auf Wahlen und Abstimmungen als unmittelbarer Ausübung der Staatsgewalt basierende Demokratie, vom Parlamentarischen Rat im Grundsatz aus der Taufe gehoben worden. Eine fragwürdige Haltung in der Sache nimmt Theodor Heuss ein. –

Der **Parlamentarische Rat**, der am 1. September 1948 und damit nur gut eine Woche nach Abschluss der Beratungen auf Herrenchiemsee seine Arbeit aufgenommen hatte, trug den offiziellen Titel „Ausschuss der Landesparlamente für Verfassungsfragen". Am Namen lässt sich unschwer dessen Zusammensetzung ablesen. Die insgesamt 65 Mitglieder, in der Literatur immer wieder als Gründungsväter und Gründungsmütter des Grundgesetzes bezeichnet, waren allesamt aus den bestehenden Volksvertretungen der Länder entsandt worden und im Durchschnitt etwa 55 Jahre alt, als sie zusammentrafen. Es handelte sich somit nicht um ein Gremium in der Art einer Nationalversammlung, die aus freien Wahlen aus der Mitte der Bevölkerung der drei westlichen Besatzungszonen hervorgegangen ist. Damit war klar, dass den Parteien – unter Aufsicht der westlichen Besatzungsmächte – wie schon bei der Verfassungsgebung in den Bundesländern eine Schlüsselrolle zugedacht worden war.

Als Ergebnis seiner Recherchen bemängelt Otmar Jung unklare, intransparente Entscheidungsprozesse und den Zeitmangel bei den in Bonn stattfindenden Beratungen über die Volksgesetzgebung und der Frage ihrer verfassungsrechtlichen Normierung. Hier unterscheidet der Berliner Politikwissenschaftler zwei Abschnitte der Befassung: Im Plenum des Parlamentarischen Rats fand am 8./9. September 1948 eine Generalaussprache statt, in der die Parteivertreter ihre Standpunkte auch zu direktdemokratischen Verfahren vortrugen. Für die SPD ergriff der Staatsrechtler **Carlo Schmid** das Wort. Er deutete das „volksstaatliche Postulat" an, nach welchem „jeder Bürger in gleicher Weise an dem Zustandekommen des Gesetzes teilhaben" müsse und fügte ergänzend hinzu: „Ob das in der Form der plebiszitären unmittelbaren Demokratie erfolgt oder in der Form der repräsentativen Demokratie, wird im allgemeinen eine Zweckmäßigkeitsfrage sein, bei der das quantitative Element den Ausschlag wird geben müssen."[47] Dadurch stellte sich Schmid gegen die Position seines Parteikollegen Hermann Brill. Beide SPD-Politiker teilten ein paar Wochen zuvor im Herrenchiemseer Konvent noch die Ansicht, wonach Volksbegehren und Volksentscheide für die Bundesebene nicht zulässig seien. Unterstützung erhielt Schmid im Plenum einen Tag später von **Walter Menzel** (ebenfalls SPD), der sagte: „Wir werden uns sicherlich dazu entschließen müssen, Volksbegehren und Volksentscheide unter bestimmten technischen Voraussetzungen zuzulassen." Ganz anders beurteilte **Theodor Heuss** das zu behandelnde Anliegen: „In den übersehbaren Dingen mit einer staatsbürgerlichen Tradition", so der liberalgesinnte Delegierte, würde die Volksgesetzgebung eine „wohltätige" Wirkung entfalten. „In der großräumigen Demokratie" sei sie jedoch eine „Prämie für jeden Demagogen" – Worte aus dem Munde eines Totengräbers der Weimarer Republik![48]

Laut den Untersuchungen von Otmar Jung müssen in der Folge innerparteiliche Klärungsprozesse stattgefunden haben. Das dokumentiert das Protokoll einer Sitzung des Hauptausschusses Anfang Dezember. Der schleswig-holsteinische SPD-Genosse **Rudolf Katz** sprach sich unverblümt gegen die Aufnahme der Volksgesetzgebung ins Grundgesetz aus – laut Otmar Jung der dritte Schwenk der Sozialdemokraten binnen zwei Jahren, der letztlich auch nicht nachvollziehbar war.[49] Anträge vonseiten der Zentrumspartei am 6. Dezember 1948 (abgelehnt mit 3:18 Stimmen) sowie der KPD vom 16. November, im Hauptausschuss am 8. Dezember von Heinz Renner verlesen (7:11), wurden von den Vertretern der CDU/CSU, der SPD und DDP mehrheitlich verworfen.

---

[47] Jung 1994, S. 282.

[48] Warum dieses zugegebenermaßen harte Urteil zutrifft, wird im Exkurs am Ende des Kapitels dargelegt.

[49] a.a.O., S. 285.

Hieraus abzuleiten, der Parlamentarische Rat habe sich prinzipiell gegen jede Form der direkten Demokratie im Grundgesetz ausgesprochen, greift laut Otmar Jung allerdings zu kurz. Denn es gab in jenen Wochen und Monaten der Beratungen in Bonn eine Art Parallelvorgang, der mitbedacht werden muss, um zum vollen Verständnis der Sache zu kommen. Diesen beschreibt Otmar Jung in seiner Publikation „Grundgesetz und Volksentscheid" an mehreren Stellen ausführlich.[50] Um ihn hier zu skizzieren, ist nochmals ein kurzer Ausflug in die ersten Jahre der deutschen Nachkriegszeit notwendig.

Die **Sechs-Mächte-Konferenz von London** im ersten Halbjahr 1948, die in mehreren Zusammenkünften der Vertreter der Siegermächte erfolgte (ohne Sowjetunion, jedoch mit Delegierten aus den Niederlanden, Belgien und Luxemburg, hatte auf der Tagesordnung die politische Neuordnung des westdeutschen Besatzungsgebiets. Für dieses wünschten sich die Konferenzteilnehmer eine ausgearbeitete westdeutsche Verfassung, welche nach Fertigstellung einer länderweisen Volksabstimmung unterzogen werden sollte. Ihre Vorstellungen, zusammengefasst in den **Frankfurter Dokumenten**, übergaben die Militärgouverneure den Ministerpräsidenten der westdeutschen Länder am 1. Juli 1948. Die wiederum berieten wenige Tage später (vom 8. bis 10. Juli) bei einem Treffen in Koblenz darüber und gerieten dabei in einen Zwiespalt: Einerseits schien eine Weststaatsgründung ratsam, andererseits wollten sie – vonseiten der Kräfte im SED-dominierten Ostdeutschland – nicht für die Teilung Deutschlands verantwortlich gemacht werden. Immerhin war bei Politikern der Westländer das von der SED eingeleitete Volksbegehren „für die Einheit Deutschlands", das erst ein paar Wochen zuvor abgehalten worden war, noch in lebhafter Erinnerung (erläutert in Kapitel 5). Daher lehnte die Ministerpräsidentenriege eine Annahme der auszuarbeitenden Westverfassung per Volksabstimmung einhellig ab und suchte die westalliierten Militärgouverneure wegen deren Forderung hinzuhalten.

---

[50] a.a.O., S. 207 ff. und S. 316 ff.

Das beschriebene Dilemma schleppten die Landesregierungschefs in den Folgemonaten mit sich mit. Seine Fortsetzung fand es in der Arbeit des Parlamentarischen Rats. In der ersten Lesung des Grundsatzausschusses am 14. Oktober 1948 war im Passus der Ausübung der Staatsgewalt durch das Volk lediglich die mittelbare Möglichkeit über Organe vorgesehen. Dies stand im Gegensatz zu den parallel verlaufenden Beratungen in anderen Gremien des Parlamentarischen Rats. Hier wurde von Teilnehmern zu jener Zeit noch um das obligatorische Verfassungsreferendum sowie um plebiszitäre Regelungen bezüglich der territorialen Neugliederung des künftigen Bundesgebiets verhandelt. Ohne die Möglichkeit von „Abstimmungen" als unmittelbare Ausübung der Staatsgewalt (neben Wahlen) wären plebiszitäre Verfahren wegen der fehlenden Normierung von vornherein nicht zulässig gewesen. Vier Wochen später, bei der zweiten Lesung am 10. November 1948, lässt sich den Aufzeichnungen entnehmen, dass die teilnehmenden Mitglieder im Grundsatzausschuss den Widerspruch des fehlenden Abstimmungsrechts immer noch nicht bemerkten.

Erst dem **Allgemeinen Redaktionsausschuss** des Parlamentarischen Rats – dessen Aufgabe darin bestand, neben der redaktionellen Bearbeitung der einzelnen Artikel den entstehenden Verfassungstext und den Entwurf als Ganzes auf Logik und Widerspruchsfreiheit zu prüfen – fiel diese Unstimmigkeit auf. Das führte dazu, dass die Formulierung „durch Wahlen und Abstimmungen" als Staatsfundamentalnorm im künftigen Artikel 20 Absatz 2 Satz 2 des Grundgesetzes festgehalten wurde. Nachdem man im weiteren Fortgang der Verfassungsberatungen in Bonn nacheinander die Volksgesetzgebung ablehnte, das ursprünglich beabsichtigte Verfassungsreferendum verwarf, das Gründungsplebiszit – trotz alliierter Vorgabe (Frankfurter Dokumente) – zudem möglichst vermeiden wollte und bei einer eventuellen territorialen Neugliederung nur in einem einzigen Fall ein bundesweiter Volksentscheid vorgesehen war, stellten vier Mitglieder der CDU-/CSU-Fraktion am 4. Mai 1949, wenige Tage vor Verabschiedung des Grundgesetzes, den Antrag auf Streichung der Worte „und Abstimmungen". Dieser wurde am 6. Mai im Plenum abgelehnt. Zutreffend beschreibt Otmar Jung den bis heute geltenden

Status quo des Grundgesetzes in Bezug auf direktdemokratische Verfahren: „Der Parlamentarische Rat entschied sich für die raffinierte Lösung, Abstimmungen als Mittel der direkten Ausübung der Staatsgewalt durch das Volk grundsätzlich weiterhin anzuerkennen, fast alle einzelnen Formen unmittelbar-demokratischer Entscheidungsverfahren aber praktisch abzulehnen. Man wird diese Entscheidung des Verfassungsgebers am treffendsten als eine plebiszitäre Strukturoption bezeichnen."[51]

Exkurs: Die Tragik des Theodor Heuss

Bereits in Kapitel 4 wurde dargelegt, dass nur zwei reichsweite Volksentscheide zwischen 1919 und 1932 überhaupt abgehalten worden sind. Da zudem beide wegen eines vermeintlich verfehlten Beteiligungsquorums nicht rechtsgültig wurden, können sie nicht ursächlich für den **Zusammenbruch der Weimarer Republik** verantwortlich gemacht werden. Noch vor der Machtergreifung der Nationalsozialisten (1933) wurden „die Fehlgestalt des Volksentscheids" im Verfassungsrecht der Weimarer Republik kritisiert und verfassungsrechtliche Reformen unterbreitet.[52] Wilhelm Hoegner (SPD), erster bayerischer Ministerpräsident, der nach dem Zweiten Weltkrieg aus dem Schweizer Exil zurückkehrte und an der Verfassungsgebung im Freistaat maßgeblich mitwirkte, bemängelte rückblickend „die äußerst geringe Anwendung" der Volksgesetzgebung mit ihren „großen Erschwernissen verfassungsrechtlicher und politischer Art".[53]

Längst ist in der Geschichtsschreibung unbestritten, dass Adolf Hitler seine diktatorischen Vollmachten nicht aufgrund von Volksabstimmun-

---

[51] a.a.O., S. 319.

[52] Siehe in der gleichnamigen Publikation von Carl Tannert aus dem Jahr 1929.

[53] Zitiert nach Jung 1994, Seite 29 f. – Hoegners Fazit: „Die unmittelbare Volksgesetzgebung war also in der Republik von Weimar wahrlich nicht auf Rosen, sondern auf Dornen gebettet."

gen übertragen bekam. Vielmehr **beschloss der Reichstag am 24. März 1933** das sogenannte **Ermächtigungsgesetz**, infolgedessen sich Hitler als Reichskanzler mit weitgreifenden Befugnissen ausstatten und die NS-Schreckensherrschaft installiert werden konnte. Es kann nicht oft genug betont werden: **Die Weimarer Republik wurde per Parlamentsbeschluss liquidiert.** Zwar fanden während der Zeit des NS-Regimes drei Volksabstimmungen statt: 1933 (Austritt aus Völkerbund), 1934 (Vereinigung der Ämter von Reichskanzler und Staatspräsident, nach Hindenburgs Tod) und 1938 (Anschluss Österreichs ans Deutsche Reich). Doch waren diese drei Plebiszite lediglich Volksbefragungen, da entweder die eigentliche politische Entscheidung (Völkerbundaustritt) oder die den Maßnahmen zugrunde liegenden Gesetze jeweils schon Wochen vor der Abstimmung feststanden.

Zu denen, die im März 1933 im Reichstag für das Ermächtigungsgesetz stimmten, gehörte auch **Theodor Heuss** (1884-1963). Das ist bemerkenswert und macht zugleich nachdenklich: War doch der liberale Reichstagsabgeordnete genau derjenige, der rund 15 Jahre später dem Parlamentarischen Rat angehörte und – wie bereits angeführt – bei den Verhandlungen über das Grundgesetz die Volksgesetzgebung der Weimarer Zeit als „Prämie für Demagogen" bezeichnete. Nochmals: Kein einziger der (ohnehin nur zwei auf Volksentscheiden basierenden) Mehrheitsbeschlüsse des Volkes hatte jemals Gesetzeskraft erlangt. Was die Rolle und das Verhalten von Heuss, dem späteren ersten Bundespräsidenten der Bundesrepublik Deutschland, in Bezug auf die Volksgesetzgebung anbelangt, liegen die Fragen auf der Hand: Hat hier jemand womöglich sein schlechtes Gewissen – wurde doch unter anderem mit seiner Stimme der Weg zur Hitler-Schreckensherrschaft geebnet – dadurch zu beruhigen versucht, dass er die Schuld am Scheitern der Weimarer Republik mit der direkten Demokratie in Verbindung brachte? Um dadurch von seinem Abstimmungsverhalten von März 1933 im Reichstag als eigenes Versäumnis ablenken zu können?[54]

---

[54] Auf den Zusammenhang des Untergangs der Weimarer Republik durch den Reichstagsbeschluss vom März 1933, der zuvor fehlenden direktdemokratischen Kultur und der

Ein anderer „Kritikpunkt" von Heuss an der Volksgesetzgebung ist ebenfalls bezeichnend – für dessen Person wie auch für künftigen Debatten rund um die direkte Demokratie auf Bundesebene: In den Beratungen des Parlamentarischen Rats legte der Liberale nicht nur dar, dass Volksbegehren und Volksentscheide „in der Zeit der Vermassung und Entwurzelung in der großräumigen Demokratie die Prämie für jeden Demagogen" seien[55]. Auch wäre deren Existenz „ein Problem der soziologischen Situation, in der ein Volk sich befindet".[56] Woraufhin Helene Wesel (Zentrumspartei) in derselben Sitzung konterte und ihm sein paternalistisch und vormundschaftlich anmutendes Denken spiegelte: „Ich weiß nicht, wer das bestimmen soll, die soziologische Lage des Volkes festzustellen, und ob dazu immer Parteivertreter und Abgeordnete die richtigen sind."[57]

Rolle von Theodor Heuss siehe auch in: Flensburger Hefte Frühjahr 1989 (S. 44), Sommer 1989 (S. 27 ff. und insbesondere Seite 40/41), 1990 (S. 83 ff.).

[55] 3. Sitzung des Plenums am 9. September 1948; zitiert nach: Flensburger Hefte 1990, S. 84.

[56] 22. Sitzung des Hauptausschusses am 8. Dezember 1948; zitiert nach: a.a.O.

[57] a.a.O., S. 85.

7. Auf Spurensuche

Symptomatisches aus DDR und alter BRD

„Es ist eine undemokratische Zumutung, amtlich das ganze Volk zu einer unverbindlichen Meinungsäußerung aufzufordern. Wenn sich der Souverän äußert, dann entscheidet er auch. (…) Die Volksbefragung ist kein Rechtsinstitut für eine demokratische Verfassung; sie passt nur in die Diktatur. Es wäre mit dem demokratischen Prinzip unvereinbar, wenn der Wille des Volkes nur unverbindliche Richtschnur wäre. (…) In der Demokratie ist das Volk der Souverän (…), nicht Orakel und nicht Hampelmann."
(Rainer Barzel, CDU-Politiker, am 24. April 1958 im Bundestag)

„Alle Staatsgewalt geht vom Volke aus. Jeder Bürger hat das Recht und die Pflicht zur Mitgestaltung in seiner Gemeinde, seinem Kreise, seinem Lande und in der Deutschen Demokratischen Republik. Das Mitbestimmungsrecht der Bürger wird wahrgenommen durch: Teilnahme an Volksbegehren und Volksentscheiden; Ausübung des aktiven und passiven Wahlrechts; Übernahme öffentlicher Ämter in Verwaltung und Rechtsprechung. (…) Die Staatsgewalt muss dem Wohle des Volkes, der Freiheit, dem Frieden und dem demokratischen Fortschritt dienen. (…) Die Gesetze werden von der Volkskammer oder unmittelbar vom Volke durch Volksentscheid beschlossen."
(Aus Art. 3/81 Verfassung der Deutschen Demokratischen Republik, 7.10.1949)

Zusammenfassung

Die Entwicklung nach der Gründung beider deutscher Staaten bis zum Epochenjahr 1989 verlief bezüglich der Volksgesetzgebung unterschiedlich. Volksbegehren und Volksentscheide, wie sie anfänglich in der DDR-Verfassung enthalten waren und zumindest im Prinzip aus der Mitte der Gesellschaft hätten ergriffen werden können, fielen der im Jahr 1968 verabschiedeten „sozialistischen" Verfassungsrevision zum Opfer. In der neu gegründeten BRD waren es vor allem konkrete politische Auseinandersetzungen (Wiederbewaffnung, Atombewaffnung, Nato-Doppelbeschluss), an denen sich die Debatte darüber entzündete, ob bei strittigen Themen Volksabstimmungen oder Volksbefragungen erfolgen müssten. Die Grünen als neue parteipolitische Kraft mit starkem Rückhalt zu Bürgerinitiativen machten sich, anfänglich nur zögernd, im weiteren Verlauf die Idee der dreistufigen Volksgesetzgebung zu eigen, wie sie von der Achberger Demokratiebewegung ab Ende 1983 durch Kampagnen und Eingaben an den Bundestag in die Öffentlichkeit hineingetragen wurde. –

Nicht lange muss nach Inkrafttreten des Grundgesetzes Ausschau danach gehalten werden, wann zum ersten Mal in der jungen Bundesrepublik Deutschland (BRD) Plebiszite in der öffentlichen Debatte auftauchten.[58] Als **1951** die Diskussion um die **Wiederbewaffnung Westdeutschlands** einsetzte, brachte der evangelische Geistliche Martin Niemöller den Gedanken einer **Volksbefragung** zur geplanten Remilitarisierung öffentlich ins Spiel. Dieser wurde aufgegriffen und als Forderung dem Deutschen Bundestag unterbreitet. Vier Bundestagsfraktionen, darunter die CDU/CSU und die FDP, interpretierten das Anliegen als „einen Angriff auf die verfassungsmäßige Ordnung des Bundes". Und die Bundesregierung unterband kurzerhand alle Aktivitäten, die auf eine derartige Forderung gerichtet waren. Ein Parallelprozess, der im gleichen Jahr in derselben Sache einsetzte, verdient an dieser Stelle ebenso Aufmerksamkeit. Der Volkspädagoge **Peter Schilinski** warb für eine **Volksabstimmung** gegen die Wiederbewaffnung beider deutscher Staaten. Ein paar Jahre später gab es mit der **Atombewaffnung der Bundeswehr** erneut einen „militärischen Anlass". Im April und Juni **1958** beriet der Bundestag in vier Sitzungen über den von der SPD-Fraktion eingebrachten Gesetzentwurf für eine Volksbefragung.

---

[58] Die in den Kapiteln 7, 8 und 9 skizzierten Vorgänge zur Volksgesetzgebung im Deutschland der Nachkriegszeit mit Originalquellen findet man ausführlich online unter wirsinddeutschland.org/dokumentation

Die nächsten „direktdemokratischen Spurenelemente" in der BRD-Geschichte lassen sich auf dem Höhepunkt der **68er-Studentenbewegung** nachweisen. Wiederum war es **Schilinski**, der publizistisch aufhorchen ließ, als er am **1. Juli 1968** „die Volksabstimmung über Grundrechte" thematisierte. Zum Jahreswechsel 1968/69 trat **Kurt Georg Kiesinger**, der damalige Bundeskanzler der Großen Koalition, in seiner Neujahrsansprache mit einem „bemerkenswerten Vorschlag" an die Öffentlichkeit: Es sei, so Kiesinger, „die Bevölkerung der Bundesrepublik in Zukunft an wichtigen politischen Fragen durch Volksentscheide, die in der Verfassung verankert werden müssten, stärker als bisher unmittelbar zu beteiligen".[59] Kurz danach erschien in der „Frankfurter Rundschau" ein Artikel, dessen Autorenschaft die „direkte demokratische Volksabstimmung über Fragen des Grundrechtes" als „fundamentales Instrument" propagierte, „um die Rechte der Mehrheit durchzusetzen" und diese „gegen die Gruppen zu verteidigen, die Vorrechte und Herrschaft auf Kosten der Mehrheit für sich okkupieren wollen. (…) Die Volksabstimmung muss das Regulativ des Parlaments sein."[60]

Eine weitere Etappe markierte die von Kiesingers Nachfolger Willy Brandt (SPD) ausgegebene Parole „Mehr Demokratie wagen". 1970 beschloss die neue sozialliberale Koalition, eine **Enquetekommission „Verfassungsreform"** einzurichten. Diese erörterte auch die Volksgesetzgebung und kam am Ende zum Ergebnis, „dass Volksbefragung, Volksbegehren, Volksentscheid und andere Formen der Volksinitiative keine geeigneten Instrumente seien, die Legitimation und Handlungsfähigkeit der repräsentativ-parlamentarischen Demokratie zu verstärken". Dagegen bestünde „die Gefahr, dass sie die Bedeutung des Parlaments verringern" würden.[61] In der Bundestagsdebatte zum Schlussbericht wur-

---

[59] In: Stuttgarter Zeitung (Nr. 300) vom 30. Dezember 1968, S. 2.

[60] „Die Verbraucher sind nur die Konsumsklaven", in: Frankfurter Rundschau (Nr. 19) vom 23. Januar 1969.

[61] Schlussbericht der Enquetekommission Verfassungsreform vom 9. Dezember 1976, Drucksache 7/5924.

den von Abgeordneten die Beweggründe gegen die Volksgesetzgebung dargelegt.[62]

Abseits der parlamentarischen Vorgänge der 1970er-Jahre beschäftigten sich auch außerhalb des „Hohen Hauses" am Zeitgeschehen interessierte Menschen mit der direkten Demokratie. Zu den prominentesten Persönlichkeiten zählt zweifellos **Joseph Beuys (1921-1986)**. Er studierte die Arbeiten von Schilinski und dessen Weggefährten Wilfried Heidt, integrierte die Ideen in seinen „erweiterten Kunstbegriff" und präsentierte sie in seiner Aktionskunst auch öffentlich. So richtete Beuys 1972 in Düsseldorf das Büro der „Organisation für direkte Demokratie durch Volksabstimmung" ein und war im gleichen Jahr auch bei der Kunstausstellung documenta 5 in Kassel mit einem „Büro für direkte Demokratie durch Volksabstimmung" präsent.

Joseph Beuys war es auch, der sich Ende der 1970er-Jahre im Rahmen seiner Arbeit in der „Free International University" an der Gründung der Grünen beteiligte. Durch den **Achberger Kreis** gelang es in der Folge zwar, die direkte Demokratie in die neue Parteiprogrammatik der Anfangsjahre aufzunehmen. Für ihr eigentliches Anliegen, die Kernpunkte der dreistufigen Volksgesetzgebung mit der Forderung nach einem Bundesabstimmungsgesetz, fand sich im Herbst 1983 innerhalb der Grünen jedoch keine Mehrheit. Schon davor begann sich eine kleine Forschungsgruppe im **Internationalen Kulturzentrum Achberg** umfassend in die plebiszitäre Thematik einzuarbeiten. Ihre Mitglieder beschafften sich die (damals nicht ohne Weiteres zugänglichen) Protokolle des Parlamentarischen Rats, durchforsteten diese sowie die aktuelle juristische Fachliteratur auf Anhaltspunkte und erforschten im Quellenstudium die Entwicklung der Volksgesetzgebung seit der Französischen Revolution.

---

[62] Der FDP-Abgeordnete und spätere Bundesjustizminister Hans A. Engelhard sprach unter anderem von „negativen Erfahrungen der Weimarer Zeit". Vgl. Bundestagsprotokoll, 8. Wahlperiode, 73. Sitzung, 17. Februar 1978.

Aus dieser intensiven Beschäftigung ging die „**Aktion Volksentscheid**" mit einer Ende Dezember 1983 an den Deutschen Bundestag gerichteten Petition hervor. Diese umfasste die Forderung nach Verabschiedung eines Bundesabstimmungsgesetzes auf Grundlage von Artikel 20/2/2 Grundgesetz mit dem Regelungsvorschlag der dreistufigen Volksgesetzgebung (Volksinitiative, Volksbegehren, Volksentscheid, Medienbedingung). Zum Start der öffentlichen Kampagne erschien in der Wochenzeitung „Die Zeit" eine ganzseitige Anzeige.[63] Das Echo war gewaltig: Binnen kurzer Zeit erhielt die Aktion per Post mehr als 100.000 Rückläufer an Unterschriften in Form von „Zustimmungserklärungen". Der Petitionsausschuss im Deutschen Bundestag reichte das Anliegen der Aktion am 13. September 1984 mit einer Beschlussempfehlung ans Plenum weiter. Dort lehnte eine Mehrheit die Petition am 4. Oktober desselben Jahres ab.

Knapp drei Jahre später, am 23. Mai 1987, folgte die zweite Petition „**Initiative Volksentscheid zum 23. Mai 1989**". Kern der im Begründungsteil als **Achberger Memorandum** ausformulierten Eingabe an den Bundestag war diesmal die Forderung, dieser möge zum 40. Geburtstag des Grundgesetzes (23.5.89) eine Volksabstimmung über die dreistufige Volksgesetzgebung anberaumen. Da sich zum Jahreswechsel 1987/88 abzeichnete, dass auch diese zweite Petition im Bundestag nicht ihr Ziel erreichen wird, nahm die Initiative einen Kurswechsel vor und versuchte nun, die Abstimmung bundesweit selbst zu organisieren.

Bevor der weitere Weg in Kapitel 8 beschrieben wird, noch in aller Kürze zur Entwicklung in der **Deutschen Demokratischen Republik**. Anders als im Grundgesetz der BRD, bestand bezüglich der Volksgesetzgebung in der ersten DDR-Verfassung vom 7. Oktober 1949 eine vergleichsweise günstige Ausgangslage – zumindest auf dem Papier.[64] Laut Artikel 87

---

[63] „In Lebensfragen der Nation muss das Volk auch direkt entscheiden können!" (Die Zeit, Nr. 1, 30.12.1983)

[64] Siehe dazu die einschlägigen Bestimmungen, auszugsweise wiedergegeben im Eingangszitat dieses Kapitels.

Abs. 2 war „ein Volksentscheid herbeizuführen, wenn ein Zehntel der Stimmberechtigten oder wenn anerkannte Parteien oder Massenorganisationen, die glaubhaft machen, dass sie ein Fünftel der Stimmberechtigten vertreten, es beantragen (Volksbegehren)“. Doch niemand beschritt in den Jahren danach diesen außerparlamentarischen Weg der Gesetzgebung. Im Zuge einer **Totalrevision** der Verfassung wurde das Abstimmungsrecht des DDR-Volkes am **6. April 1968** per Volksentscheid (!) schließlich komplett gestrichen. In der Frühphase des ostdeutschen Staates waren durch eine Verwaltungsreform die fünf Länderverfassungen, in denen direktdemokratische Verfahren bereits enthalten waren, aufgehoben worden.

8. Vertane Chancen

Wende, Wiedervereinigung, Artikeldebatte

„Es galt, die Revolution in der DDR in ihrem entscheidenden Stadium (…) entsprechend zu inspirieren. Denn jede Revolution hat in ihrer historischen Veranlagung eine bestimmte Reichweite (…), die sie aber nur dann ausfüllen kann, wenn es gelingt, das Bewusstsein der Massen auf den entsprechenden klaren Ideenzusammenhang zu orientieren. In dieser Hinsicht standen sich 1989 in Deutschland zwei Strategien gegenüber: Die eine hatte alle öffentlichen Machtmittel zur Verfügung und war (…) am Werk, den bevorstehenden Zusammenbruch des SED-Regimes zu nutzen, um (…) jene Vorstellungen zu inspirieren, die eine Orientierung der Menschen auf das ‚Modell BRD' (…) bezweckten. (…) Demgegenüber stand die andere Strategie, ohne jegliche Machtmittel, nur gerüstet mit einer Idee und einer Vorgehensweise."
(Bertold Hasen-Müller/Wilfried Heidt,
Die Kardinalfrage des Staatslebens, S. 131)

„Die Diskussion um die Einführung von Formen unmittelbarer Demokratie in das Grundgesetz ist seit der Entscheidung des Parlamentarischen Rates für das demokratisch-repräsentative System nicht verstummt. Durch die Herstellung der deutschen Einheit und insbesondere durch die Verfassungsgebung in den neuen Ländern erhielt diese Diskussion neue Nahrung. Nach der Kommission Verfassungsreform des Bundesrats nahm sich daher auch die Gemeinsame Verfassungskommission dieses Themas an. Sie stieß damit auf ein außerordentliches öffentliches Interesse, wie mehr als 266.000 Eingaben belegen. Kein anderes Thema hatte eine solche Resonanz."
(Bericht der Gemeinsamen Verfassungskommission, 5.11.1993, S. 83)

<u>**Zusammenfassung**</u>

Vollzog sich 1989/1990 in der untergehenden DDR tatsächlich der Wechsel hin zur Volkssouveränität bis in die letzte Konsequenz? Wenn man den Verlauf des Einigungsprozesses zwischen beiden deutschen Staaten rückblickend beurteilt, sind Zweifel angebracht. Der DDR-Bevölkerung wurde die Option verwehrt, ihre eigenen Geschicke in die Hand zu nehmen und ihre Lebensordnung durch eine neu ausgearbeitete Staatsverfassung unter Einbezug von außerparlamentarischen Initiativen zu gestalten. Vielmehr lief alles sehr schnell auf einen Anschluss an das „bewährte" politische System der Bundesrepublik hinaus. Überdies wurde im weiteren Verlauf die sich bietende historische Chance, im Prozess der Wiedervereinigung durch eine Verfassungsrevision die Volksgesetzgebung verfügbar zu machen, nicht ergriffen – obwohl hierfür mehrere Angebote von Initiativen außerhalb von Bundestag, Bundesrat und Volkskammer vorlagen. –

Mitte der 1980er-Jahre kündigte sich mit den beiden neuen Schlagworten „Glasnost" (Transparenz, Offenheit) und „Perestroika" (gesellschaftlicher Wandel) ein Umbruch im sowjetischen Machtbereich an. Auf dessen Auswirkungen für das Ost-West-Verhältnis beider konkurrierender Gesellschaftssysteme hatte man sich nun einzustellen. Um die dreistufige Volksgesetzgebung in dem absehbaren Epochenjahr 1989 in beiden Teilen Deutschlands ins Spiel zu bringen, bereitete die Achberger Bürgerinitiative das Doppelprojekt „D 89" vor. Offizielle und geschichtsträchtige Anlässe boten sich hier an: das runde Jubiläum der Französischen Revolution (1789), die Feierlichkeiten zu „40 Jahre Grundgesetz" (BRD) sowie 40 Jahre Gründungsverfassung der DDR. Auf dem Gebiet der Bundesrepublik war Achberg Ausgangspunkt der **Stimmbriefaktion** – ein Versuch der bereits am Ende von Kapitel 7 angeführten „Initiative Volksentscheid", binnen 500 Tagen (9. Januar 1988 bis 23. Mai 1989) eine selbst organisierte Volksabstimmung über die dreistufige Volksgesetzgebung in die Wege zu leiten. Bis Sommer 1989 wurden bei der **„Ur-Abstimmung über Artikel 20 Absatz 2 GG"** in Westdeutschland rund zwei Millionen Stimmbriefe in Umlauf gebracht. Das Ziel, alle rund 45 Millionen Stimmberechtigten innerhalb einer kurzen Zeit zu erreichen, wurde indes verfehlt. Das lag nicht zuletzt auch an den westdeutschen Medien, die das Vorhaben nur ganz vereinzelt aufgriffen.[65]

In der DDR gestaltete es sich für die Achberger Initiative aufgrund des repressiven Staatsapparats schwieriger, Fuß zu fassen. Hier reifte schließlich der Plan, zum geschichtsträchtigen **17. Juni 1989** (Wiederkehr des Arbeiteraufstands in Ostberlin/DDR) in direkter Sichtweite zum Weimarer Goethe-Schiller-Denkmal durch eine Aktion öffentliche Aufmerksamkeit zu erzeugen. Im Kern ging es darum, eine Eingabe an die Volkskammer der DDR mit dem Antrag für eine Volksabstimmung über die Aufnahme der dreistufigen Volksgesetzgebung zum 7. Oktober (Jubiläumstag der DDR-Verfassung) zu lancieren. Verbunden war mit dieser Aktion in Weimar die Hoffnung, über die Berichterstattung der Westmedien (die damals jede kleinste oppositionelle Regung in Ostdeutschland registrierte und in Presse, Funk und Fernsehen der BRD verbreitete, wo sie wiederum zurückgestrahlt und auch jenseits von Mauer und Stacheldraht hätte bekannt werden können) auch zum Schwung der direktdemokratischen Aktivitäten in Westdeutschland beitragen zu können. Doch fanden sich die DDR-Bürger nicht, die an Ort und Stelle das hierfür erstellte und zuvor über die Grenze geschmuggelte **Weimarer Memorandum**[66] medienwirksam hätten präsentieren können.

Zwar erschallte später im Herbst 1989 auf den Massendemonstrationen, die ab Anfang Oktober zunächst in Leipzig und später in anderen ostdeutschen Städten einsetzten, zuerst massenhaft der Ruf „Wir sind das Volk!" Klarer hätten die Menschen die Idee der Volkssouveränität, welche das bestehende DDR-Regime als vordemokratisches Relikt brandmarkte,

---

[65] Etwa das Magazin „Stern" mit dem Beitrag „Macht Stimmvieh Mist?", Ausgabe vom 1.6.1989, S. 226 ff.

[66] „Weimarer Memorandum – Grundgedanken für die Zukunft der Demokratie in Deutschland" (1989).

wohl nicht zum Ausdruck bringen können. Doch dabei blieb es nicht: Mit der kurz darauf erfolgten Wandlung der Sprechchöre der Demonstranten zu „Wir sind *ein* Volk!" und „Deutschland, einig Vaterland!" war der Weg der Lösung der offenen deutschen Frage mittels Beitritt der wiederhergestellten Länder zum Geltungsbereich des Grundgesetzes nach Artikel 23 (GG) vorgezeichnet. Zwar reichte die in Achberg begründete **„Demokratie-Initiative 90"** im Laufe des Jahres 1990 in der DDR und BRD mehrere Petitionen ein, welche die Aufnahme der Volksgesetzgebung in die Verfassung und das Recht des Volkes vorschlugen, die neue Verfassung selbst zu erarbeiten und zu beschließen. Aber es half alles nichts: Die zum 3. Oktober 1990 vollzogene deutsche Wiedervereinigung war längst beschlossene Sache, das Doppelprojekt „D 89" somit gescheitert. Verworfen wurde durch die Mehrheit der am Einigungsprozess beteiligten parlamentarischen Gremien auch das für diesen Fall in Präambel und Schlussartikel des Grundgesetzes angedachte Verfahren, den Zusammenschluss von alter BRD und DDR über Artikel 146 (neue Verfassung mit Volksentscheid) und nicht über Artikel 23 (GG) zu vollziehen. Die **Artikeldebatte** führten Verfechter beider Richtungen in den Folgejahren vor allem in den Massenmedien weiter.

Damit hing auch eine allerletzte Hoffnung zusammen, um im Gefolge des Einigungsprozesses die dreistufige Volksgesetzgebung auf die Tagesordnung zu setzen und hierfür zu werben. Diese Option eröffnete sich mit dem zwischen beiden deutschen Staaten ausgehandelten und ratifizierten **Einigungsvertrag vom 31. August 1990.**[67] Dessen Artikel 5 („Künftige Verfassungsänderungen") sah vor, „sich innerhalb von zwei Jahren mit den im Zusammenhang mit der deutschen Einigung aufgeworfenen Fragen zur Änderung oder Ergänzung des Grundgesetzes zu befassen" und dabei auch „mit der Frage der Anwendung des Artikels 146 des Grundgesetzes und in deren Rahmen einer Volksabstimmung".

---

[67] Offizielle Bezeichnung: „Vertrag zwischen der Bundesrepublik Deutschland und der Deutschen Demokratischen Republik über die Herstellung der Einheit Deutschlands".

Nach dem vollzogenen Zusammenschluss beider deutscher Staaten dauerte es zunächst eine Weile, bis dieser Verfassungsprozess in Gang kam. Der **Ältestenrat** im **Deutschen Bundestag**, gestützt auf den Antrag der Fraktionen von CDU/CSU und FDP[68], unterbreitete am 14. November 1991 eine Beschlussvorlage[69] zur „Einsetzung der **Gemeinsamen Verfassungskommission**" (GVK). Diese setzte sich aus vom Bundestag und Bundesrat entsandten Vertretern zusammen und nahm am 16. Januar 1992 die Arbeit auf. Beschlüsse der GVK sollten nur mit Zweidrittelmehrheit erfolgen, in Anlehnung an die im Grundgesetz vorgesehene Regelung zu Verfassungsänderungen (Art. 79 Abs. 2).

Tagesordnungspunkt 1 der **sechsten GVK-Sitzung** am **14. Mai 1992** war dann das Thema „Bürgerbeteiligung/Plebiszite". Hier tauschten sich die „Berichterstatter" der Bundestagsfraktionen und Länderregierungen aus. Fünf Wochen später, am 17. Juni 1992, standen bei der **dritten öffentlichen Anhörung** der GVK zum selben Thema Kurzreferate der von Kommissionsmitgliedern geladenen Experten im Mittelpunkt.[70] In der **17. GVK-Sitzung** am **11. Februar 1993** beriet das Gremium abschließend und hatte über zwei Abstimmungsvorlagen zu entscheiden. Der Antrag der Gruppe Bündnis 90/Die Grünen nach Aufnahme von Volksinitiative, Volksbegehren und Volksentscheid sowie ein gleich gelagerter Entwurf der SPD-Bundestagsfraktion fanden nicht die erforderliche Zweidrittelmehrheit. Entsprechend veröffentlichte die GVK in ihrem **Schlussbericht** am **5. November 1993** den Diskussionsstand und das Abstimmungsverhalten zu den Vorlagen und gab keine Empfehlung für die Aufnahme von „Formen unmittelbarer Demokratie ins Grundgesetz" ab.[71] Wie schon

---

[68] Drucksache 12/567.

[69] Drucksache 12/1590.

[70] Diese Expertenanhörung nahm der Grünen-Politiker und Ex-Bundestagsabgeordnete Gerald Häfner zum Anlass, über 250.000 Unterschriften „für die Aufnahme von Volksbegehren und Volksentscheid" zu übergeben.

[71] Bericht der Gemeinsamen Verfassungskommission (Drucksache 12/6000), S. 83 bis S. 86.

1990, verweigerte sich die Regierungskoalition aus CDU/CSU und FDP hartnäckig gegen die von SPD und Grünen flankierend im Bundestag eingebrachten Entwürfe.

Weitere außerparlamentarische Anläufe, etwa der Initiative „**Verfassung mit Volksentscheid**" oder der **Demokratie-Initiative 94** mit ihrer Petition für eine Volksabstimmung über die dreistufige Volksgesetzgebung zur Bundestagswahl 1994, fanden kaum Beachtung. Damit endete 1994 das Epochenjahr 1989 endgültig – ohne ein Erwachen des Souveräns im vereinigten Deutschland.

9. Der Durchbruch bleibt weiterhin aus

Ansätze von 1994 bis heute

„Das Angebot, das die Koalition unserem Land derzeit macht, das man in zwei Worten zusammenfassen kann, nämlich ‚Weiter-so!‘, empfinde ich als die schlimmste Drohung für unser Gemeinwesen und für die Demokratie. Ich kann deshalb nur hoffen, dass ein notwendiger Machtwechsel die Republik aus ihrer Lähmung befreit und dass eine (…) rotgrüne Bundesregierung dann nicht nur das Was, sondern auch das Wie der Politik in diesem Land ändert. Dann könnten wir endlich einlösen, was Willy Brandt vor fast 30 Jahren nur versprochen hat, nämlich mehr Demokratie wagen.“
(Gerald Häfner, Bundestagsabgeordneter Bündnis 90/Die Grünen, 29. Mai 1998)

„Eine große Koalition ist ein einmaliges Fenster der Gelegenheit für die Modernisierung unserer Demokratie.“
(Thomas Oppermann, SPD-Politiker, in: FAZ vom 13. November 2013)

Zusammenfassung

Nach 1994 ging das Ringen um die grundgesetzliche Ausgestaltung des Abstimmungsrechts (Artikel 20/2/2 GG) zur dreistufigen Volksgesetzgebung weiter. Bis in die Gegenwart gab es, inner- wie auch außerparlamentarisch, eine Reihe von Vorgängen in dieser Richtung. Nie gelang es jedoch, eine Mehrheit der Mitglieder im Deutschen Bundestags dazu zu bewegen, den Weg für eine verfassungsrechtliche Regelung freizumachen, oder (Königsweg!) das Volk als den Souverän selbst darüber abstimmen zu lassen, ob und in welcher Regelung Volksinitiative, Volksbegehren und Volksentscheid mit Medienbedingung gewollt sind. Bezeichnend, gleich welcher Couleur angehörend, ist die Haltung der Parteien zur Sache: Solange sie der Opposition angehören, zeigen sie sich durchaus aufgeschlossen und konfrontieren die jeweils herrschende Regierungskoalition mit innovativen Gesetzentwürfen zur Sache. Ist man jedoch selbst am verführerischen Honigtopf der Macht angelangt – oder setzt zum Sprung hierzu an, wie jüngst die Grünen im Vorfeld der Bundestagswahl 2021 –, dann gerät die Volksgesetzgebung schnell aus dem Blickfeld oder stört offenbar sogar. So kann es, wie im aktuellen Beispiel, passieren, dass teils jahrzehntelang gehütete Prinzipien der eigenen Parteiprogrammatik über Bord geworfen und dem Streben nach Machterwerb und Machterhalt bedenkenlos geopfert werden. –

Viele Aktivitäten sind dokumentiert, die seit 1994 auf die Verwirklichung der Volksgesetzgebung abzielten. Zugleich zeigte sich ein beharrliches Maß an Ablehnung derselben. Das sind die Hauptakteure.[72]

Weitere Achberger Initiativen: Wie berichtet, war das „Denklabor am Bodensee"[73] seit Beginn der 1980er-Jahre forschend und in darauf fußenden Projekten tätig. Völlig zurecht kann Achberg daher als die „Wiege der Demokratiebewegung" in Nachkriegsdeutschland bezeichnet werden.[74] Besonders Wilfried Heidt und Bertold Hasen-Müller, zu Lebzeiten in der öffentlichen Wahrnehmung weitgehend unbekannte Persönlichkei-

---

[72] Die nachfolgende Auflistung erhebt keinen Anspruch auf Vollständigkeit, sämtliche Initiativen und Projekte nachzuzeichnen. Genaueres kann in den Veröffentlichungen der jeweiligen Initiativträger/Organisatoren recherchieren. Auf vereinzelte Kampagnen mit teils großer öffentlicher Aufmerksamkeit – wie die 2017/2018 selbst initiierte Abstimmung über vier Entwürfe der Volksgesetzgebung (vgl. Flugblatt von Marianne Grimmenstein-Balas/Wolfdietrich M. Rading; o. J.) mit einer darauf gerichteten, von 320.000 Menschen unterschriebenen Onlinepetition (www.change.org) – kann hier nicht näher eingegangen werden.

[73] „Dritter Weg, dritte Chance? – Ein Denklabor am Bodensee wirbt für mehr direkte Demokratie", Die Tageszeitung (TAZ) vom 1./2. August 2009. Die in Baden-Württemberg beheimatete Initiative unternahm 1998/99 und 2010/11 auch zwei Vorstöße zur Reform der landesrechtlichen Regelungen der Volksgesetzgebung.

[74] Peter Schlefsky: „‚Mehr Demokratie' wurzelt in Oberschwaben", Schwäbische Zeitung, 17. Juni 2013, S. 6.

ten, hatten sich bis zu ihrem Tod in Vorträgen, Tagungen und Publikationen unermüdlich für die Verwirklichung des Abstimmungsrechts eingesetzt. Mit der inzwischen **fünften Petition vom 13. Dezember 1998** wurde an den neuen Koalitionsvertrag der rotgrünen Bundesregierung angeknüpft, der unter anderem „demokratische Beteiligungsrechte der Bürgerinnen und Bürger (zu) stärken" zum Ziel hatte. Die Petition, nicht zuletzt bewusst im Vorfeld des 50-jährigen Bestehens des deutschen Grundgesetzes zum 23. Mai 1999 lanciert, wurde später an die Bundestagsfraktionen weitergeleitet, das Verfahren fand seinen vorläufigen Abschluss. Vom **10./17. November 2005** datiert ist die **sechste Eingabe** aus Achberg. Sie war als Petitionsgemeinschaft „Wir sind Deutschland – Volksgesetzgebung jetzt I.M.C." zu Beginn der Großen Koalition (CDU/CSU, SPD) an den Bundestag gerichtet und umfasste „Kernpunkte zur Regelung".[75] Flankierend zur Petition, veröffentlichte die Initiative eine größere Anzeige in der Wochenzeitung „Die Zeit"[76] und rief zur Unterstützung der Eingabe auf. Eine weitere „Zeit"-Annonce mit dem Titel „60 Jahre Verfassungsbruch? Was ist die wahlentscheidende Frage am 27. September 2009?"[77], gerichtet auf den Vorstoß der Petitionsgemeinschaft „Wir sind das Volk-2009", umfasste „vier unabdingbare Kriterien" zur Volksgesetzgebung. Mit der Postkartenaktion „Die Gretchenfrage" wurden zahlreiche Bundestagskandidaten angeschrieben und um ihre Stellungnahme in der Sache gebeten.

Mehr Demokratie: Anknüpfend an die im Achberger Zusammenhang geleistete Grundlagenarbeit, hat sich 1988 die „Initiative Demokratie Entwickeln" (IDEE) gebildet. Aus ihr ist im Dezember 1995 die Bürgerbewegung „Mehr Demokratie" hervorgegangen. Mitgründer der in

---

[75] Zu den Vorgängen siehe auf der Homepage www.wirsinddeutschlang.org

[76] „Die Große Koalition verlangt mehr denn je: Die mündige Demokratie verwirklichen! Ein Aufruf zur Willensbekundung für das Grundrecht der Volksgesetzgebung"; Die Zeit, Nr. 2 vom 5. Januar 2006, S. 8.

[77] Die Zeit, Nr. 40, vom 24. September 2009, S. 10; siehe auch online unter www.volksgesetzgebung-jetzt.de

Deutschland mittlerweile recht bekannten Organisation waren anfänglich auch mit der Forschungs- und Initiativtätigkeit in Achberg verbunden. Auch wenn sie ihrem Wirken die Gestalt der dreistufigen Volksgesetzgebung zugrunde legen, unterscheiden sich die beiden maßgebenden Strömungen der bundesdeutschen Demokratiebewegung in **drei ganz wesentlichen Punkten** voneinander – und zusätzlich in einem entscheidenden Punkt, der Arbeitsweise und innere Struktur betrifft. (1.) In den Achberger Entwürfen ist die **Medienklausel** (gleichberechtigte Darstellung von Für und Wider zu einem Gesetzesanliegen vor dem Volksentscheid in den Massenmedien) existenzieller Bestandteil. „Mehr Demokratie" hält eine solche Regelung für verfassungsrechtlich nicht konform. (2.) **Konkurrenzvorlagen** aus dem Bundestag/Bundesrat sind aus Sicht von „Mehr Demokratie" möglich und begrüßenswert. Achberg lehnt diese ab und begründet den Verzicht mit der Gefahr der Entwertung der ersten Stufe der Volksinitiative (= den an den Bundestag gerichteten Gesetzentwurf). (3.) Der Achberger Bürgerinitiative ging es seit 1987 niemals darum, die dreistufige Volksgesetzgebung einfach nur durch Bundestag und Bundesrat „geschenkt" zu bekommen und damit verfügbar zu haben. Vielmehr sollte ihre Einführung von der Stimmbürgerschaft selbst, nach öffentlicher Diskussion, per **Volksabstimmung** beschlossen (oder aber verworfen) werden. **„Der springende Punkt"**, in einem bewussten Akt den Souveränitätswechsel vollziehen zu können, war von Beginn an das entscheidende Motiv aller von Achberg ausgehenden außerparlamentarischen Bestrebungen. „Mehr Demokratie" nahm zu dieser Forderung bis heute stets eine pragmatische Haltung ein – frei nach dem Motto: „Hauptsache, wir können endlich loslegen und Volksabstimmungen in die Wege leiten!" Ob es jemals eine Verständigung über diese Differenzen zwischen beiden Seiten geben wird, bleibt fraglich. Das wiederum liegt an Punkt (4.), der in beiden Bürgerinitiativen gepflegten **Arbeitsweise**. Während in Achberg das **Prinzip der „freien Initiative"** gelebt wird, unterliegt der Verein „Mehr Demokratie" als eingetragene Körperschaft demokratischen Vorgaben. Damit beruhen Beschlüsse über interne Anliegen (Ausarbeitung der Inhalte von Gesetzentwürfen für Kampagnen, Durchführung von Aktionen usw.) nicht auf Einsicht im Konsens, sondern auf dem **Mehrheitsprinzip** durch Voten in Arbeitsgruppen und auf

Mitgliederversammlungen. Aus Achberger Sicht ist dadurch der Weg zu einem vertieften Erkenntnisprozess über die Volksgesetzgebung mit individuellen Beitrittsmöglichkeiten zu Aktionen versperrt.

Omnibus für Direkte Demokratie in Deutschland: Er tourt seit 1987 in wechselnden Besetzungen, wirkt aufklärerisch für die dreistufige Volksgesetzgebung[78] in Deutschland, präsentiert eigene Aktionen oder unterstützt gleichgerichtete Vorhaben von Demokratie-Initiativen. Das jüngste Projekt knüpfte, ohne freilich explizit den Zusammenhang offenzulegen[79], im Grundgehalt an die in Achberg entwickelte Idee von einer „selbstorganisierten Volksabstimmung" (1988/89) im Sinne einer öffentlichen Informations- und Willensbildungskampagne an. Bei einer ersten „Pilot-Volksabstimmung" zum Tag des Grundgesetzes am 23. Mai 2020, an der 46 000 Stimmberechtigte in Norddeutschland teilnahmen, ging es, neben anderen Inhalten, auch um die Volksgesetzgebung. Der Verlauf dieses Vorprojekts ermutigte die Initiative **„Abstimmung 21"**[80] (unterstützt von „Mehr Demokratie", Democracy International und der Onlineplattform change.org), weiterzumachen. Nach einem Auswahlverfahren standen im Vorfeld der Bundestagswahl 2021 vier Themen zur Abstimmung, darunter ein Gesetzentwurf zur dreistufigen Volksgesetzgebung.[81] Mit dieser Kampagne war beabsichtigt, dass „bundesweite Volksabstim-

---

[78] Wie bei „Mehr Demokratie", verzichtet der „Omnibus" im dreistufigen Konzept vor dem Volksentscheid auf eine explizite Bestimmung in der Medienklausel, wonach die gleichberechtigte Darstellung von Für und Wider in den Massenmedien gewährleistet sein muss. Auch sind Konkurrenzvorlagen aus dem Bundestag möglich.

[79] Die Bezeichnung „Benachrichtigung über die erste frei organisierte Abstimmung in Deutschland" in einem Flugblatt der Kampagne Abstimmung 21 (o. J.) ist genauso falsch wie die darin enthaltene Aussage, „wir treten jetzt mit einer ganz neuen Idee an". Fakt ist, dass der erste Versuch, „unser Abstimmungsrecht uns selbst zu erobern", vor mehr als 30 Jahren von der Achberger Demokratiebewegung unternommen wurde (Kapitel 8).

[80] Den Verlauf und die Ergebnisse der Kampagne sind im Internet einsehbar: abstimmung21.de

[81] Siehe unter www.mehr-demokratie.de/gesetzentwurf

mungen erlebbar werden sollen"[82]. Knapp 345.000 Personen hatten sich zur Teilnahme registriert[83], rund 160.000 Stimmbriefe wurden rechtzeitig zurückgesandt. Das Endergebnis der Auszählung wurde Anfang November bekannt gegeben: 95 Prozent waren für die Einführung der dreistufigen Volksgesetzgebung auf Bundesebene.

Parlamentarische Vorgänge: Im Folgenden werden die wichtigsten Vorstöße aufgezählt, die nach 1994 von einzelnen Bundestagsfraktionen aus erfolgten. Zweifelsfrei steht fest, dass (auch schon vor dem „Wendejahr 1989") weder von der **CDU-/CSU-Bundestagsfraktionen** noch von Bundesregierungen unter Führung der Union irgendwelche Initiativen für die (dreistufige) Volksgesetzgebung ausgegangen waren.[84] Den in der Öffentlichkeit wahrnehmbar einzigen Dissenz zwischen den beiden „C"-Parteien zur direkten Demokratie hat es nach der Bundestagswahl 2013 gegeben: Bei den damaligen Koalitionsgesprächen sorgte „ein Positionspapier für Zwist, welches Bundesinnenminister Hans-Peter Friedrich (CSU) und der SPD-Verhandlungsführer (...) Thomas Oppermann gemeinsam formuliert haben".[85] Vorgebracht wurden darin unter anderem „Volksentscheide über Bundesgesetze (...), falls eine Million Bürger eine Abstimmung verlangen." CDU-Vertreter bemängelten daraufhin, dass derartige Vorschläge nicht innerhalb der Union abgestimmt gewesen seien. Der Vorgang blieb folgenlos, die Große Koalition blendete das Anliegen aus.[86]

---

[82] Pressemitteilung „Mehr Demokratie" vom 6. September 2021.

[83] Pressemitteilungen „Omnibus für Direkte Demokratie" vom 16./28. September 2021.

[84] Das zeigte sich bereits im Abstimmungsverhalten der Gemeinsamen Verfassungskommission 1992/93, als die Unionspolitiker aus Bund und Ländern als einzige politische Kraft gegen die Volksgesetzgebung votierten.

[85] Nachzulesen in der „Frankfurter Allgemeinen Zeitung" (FAZ) vom 13. November 2013, S. 1/2.

[86] Nach der Wahl zum 19. Deutschen Bundestag sah der von CDU/CSU und SPD neu ausgehandelte Koalitionsvertrag die Einsetzung einer Expertenkommission vor, welche

Gegen Ende der **13. Legislaturperiode** (1997/98) brachten die **PDS** und die **Bündnisgrünen** eigene Gesetzentwürfe in den Bundestag ein, die sich am Modell der dreistufigen Volksgesetzgebung orientierten. Erst in der letzten Sitzungswoche vor der Bundestagswahl 2002 lehnte die christlich-liberale Koalitionsmehrheit beide Vorlagen ab und folgte damit den Empfehlungen der zuvor mit den Gesetzesinitiativen befassten Bundestagsausschüsse. Noch im selben Jahr, inzwischen war schon der **14. Bundestag** gewählt, bekundeten **SPD und Grüne** in ihrem Koalitionsvertrag den Willen, „auch auf Bundesebene Volksinitiative, Volksbegehren und Volksentscheid durch Änderung des Grundgesetzes" zu etablieren. Doch es dauerte, diesmal unter parteipolitisch umgekehrten Vorzeichen, wieder bis zum Ende der Wahlperiode, ehe sich etwas bewegte und **SPD/Grüne** ihren Gesetzentwurf für die Einführung der dreistufigen Volksgesetzgebung einbrachten **(März 2005)**. Und einmal mehr zeigte sich in den Beratungen im Innenausschuss und dem Plenum des Bundestags (März bis Juni), dass die CDU/CSU auf Konfrontationskurs ging. In der **ersten Jahreshälfte 2006**, kurz nach der Wahl zum 16. Bundestag, legten die drei oppositionellen **Bundestagsfraktionen** von **FDP, Grünen** und **Linken** schließlich eigene Gesetzentwürfe zur Volksgesetzgebung vor. Was folgte, glich fast schon einem Skandal: Erst am 11. Februar 2009, also drei Jahre danach (und wenige Monate vor der nächsten Neuwahl der Volksvertretung), kam das Thema auf den Tisch. Mit dem Resultat, dass eine parlamentarische Mehrheit die Anträge der Opposition auf Beratung und Beschluss in der auslaufenden Legislaturperiode ablehnte.

Die Bundesregierung: Hier, im eigentlichen Zentrum der Macht des Repräsentationssystems, wird das Legitimitätsproblem der Politik völlig ausgeblendet.[87]

---

konkrete Vorschläge zur Ergänzung „durch mehr Bürgerbeteiligung und direkte Demokratie" erarbeiten soll. Offensichtlich ist dieses Versprechen, ein Gremium zu beauftragen, bis zum Ende der Legislaturperiode nicht eingelöst worden.

[87] Exemplarisch: die Ausgabe „70 Jahre Grundgesetz" von „Schwarzrotgold – Das Magazin der Bundesregierung" (Ausgabe 2/2019). Keine Spur vom komplementären Charakter

Der Bundespräsident: „Steinmeier gegen mehr direkte Demokratie“, verkündete im April 2018 die Deutsche Presse-Agentur (dpa). Der Bundespräsident, hieß es in der Agenturmeldung[88], habe sich „bei seinem Staatsbesuch in der Schweiz skeptisch zur Forderung nach mehr direkter Demokratie in Deutschland gezeigt“. Begründung: „Das Schweizer Modell von Volksabstimmungen auch auf Bundesebene“, so der frühere SPD-Bundesaußenminister, „sei so nicht exportierbar, weil es in Deutschland und der Schweiz eine ‚unterschiedliche politische DNA‘ gebe.“ Von höchster staatspolitischer Warte aus ist bei der Behebung des Demokratieproblems in der Bundesrepublik ebenso keine Abhilfe zu erwarten.

Mediales Echo: Die Einführung der Volksgesetzgebung auf Bundesebene war und ist für die journalistische Zunft eher unpopulär. In Auswertungen zur Mediennutzung rangiert sie unter ferner liefen. Nur vereinzelt setzen sich Redakteure, Korrespondenten und Autoren in Gastbeiträgen mit der Sache auseinander.[89]

---

der Demokratie im Grundgesetz, dafür liest man unter anderem, dass „mit Vollendung der Einheit Deutschlands im Jahr 1990 (das Grundgesetz) dann von der vorläufigen zur endgültigen Verfassung des gesamten deutschen Volkes geworden“ sei. Man reibt sich die Augen, dass eine aus Steuermitteln finanzierte Broschüre den Gehalt von Artikel 146 GG komplett leugnet.

[88] Schwäbische Zeitung vom 27. April 2018; S. 5.

[89] Drei Beispiele hierzu aus Presse und Funk mit überregionaler Reichweite: „Wir sind das Volk – Gegen den Parteienstaat helfen nur noch Volksentscheide“ (Robert Leicht, Die Zeit, Nr. 9 vom 24. Februar 2000, Aufmachung S. 1); „Volksbefragung zum Atomausstieg, Urwahl bei der Kanzlerkür – Brauchen wir mehr Demokratie?“ (Deutschlandfunk-Radiosendung 30. Mai 2011, 10.10 Uhr); „Das Volk als Gesetzgeber; Mehr direkte Demokratie in Deutschland – wäre das mit dem Grundgesetz vereinbar?“ (Horst Dreier, Süddeutsche Zeitung, Nr. 47, vom 25./26. Februar 2012; S. 16)

10. Auf dem Abstellgleis?

Parteiprogramme zur Bundestagswahl 2021

„Die Vermischung von Personen- und Sachfragen macht es zwangsläufig
erforderlich, dass die zur Wahl Gestellten ausschließlich solche Sachen
proklamieren, die die Wähler wollen bzw. wollen sollen."
(Günter Gehrmann, Aphorismen, 14. August 1991)

„Wahlen ändern nichts, sonst wären sie verboten!"
(zitiert nach Kurt Tucholsky, deutscher Journalist und Schriftsteller)

Zusammenfassung

Alle vier Jahre die Stimme(n) bei einer Bundestagswahl abgeben und
danach bis zum nächsten Urnengang in die Zuschauerrolle zurückfallen:
Am 26. September 2021 war es wieder einmal soweit. Recht verhei-
ßungsvoll klang im vorgeschalteten Wahlkampf der Wunschkatalog in
den Programmen der konkurrierenden Parteien mit Forderungen und
Versprechungen. Ließ man sich nicht davon blenden, sondern durchfors-
tete und verglich die Positionen und Aussagen zur Verwirklichung des
Abstimmungsrechts im Grundgesetz miteinander, fiel das Fazit nüchtern
aus. Vor allem die Programme von SPD, FDP, Bündnis 90/Die Grünen,
die sich anschickten, die erste Ampelkoalition auf Bundesebene zu
schmieden[90], glänzten durch völlige Abwesenheit jeglicher Regelungs-
vorschläge zur (dreistufigen) Volksgesetzgebung. Fehlanzeige diesbezüglich auch bei der CDU/CSU, was angesichts der bisherigen Haltung der

---

[90] Bei Redaktionsschluss waren die Koalitionsverhandlungen zwischen SPD, FDP und
Grünen gerade beendet. Vgl. dazu Kapitel 14.

Union nicht wirklich verwundert. Nur eine einzige im 20. Bundestag vertretene Parteirichtung widmete sich programmatisch der Demokratiefrage. Und nur eine weitere weist in ihrem Programm das Alleinstellungsmerkmal „dreistufige Volksgesetzgebung" überhaupt auf. Immerhin: Diejenigen Parteien, die bei der Bundestagswahl 2021 antraten und chancenlos an der Fünf-Prozent-Hürde scheiterten, hatten direktdemokratische Verfahren in ihren Programmen aufgenommen. –

Nachfolgend werden einschlägige Passagen aus Programmen der zur Wahl (Zweitstimme) angetretenen Parteien im Wortlaut wiedergegeben.

Sozialdemokratische Partei Deutschlands (SPD): „Wehrhafte Demokratie"

Gemessen an der Sitzverteilung im neuen Bundestag, hat die SPD die Wahlen vom 26. September 2021 gewonnen – also eine politische Strömung mit einer mehr als 150-jährigen Tradition, die sich in ihren Anfängen die Forderung der Volksgesetzgebung auf die Fahnen geschrieben hat (siehe Kapitel 4).

Das für den Wahlkampf aufgelegte SPD-Programm hatte den Titel „Aus Respekt vor deiner Zukunft. Das Zukunftsprogramm der SPD – Wofür wir stehen. Was uns antreibt. Wonach wir streben". Darin heißt es im Kapitel 3 („Eine Gesellschaft des Respekts"), Abschnitt 3.10 („Demokratie stärken"):

„Demokratie ist verletzlich. Sie zu schützen ist erforderlich. Deshalb müssen wir unsere Demokratie wehrhaft gegen ihre Feinde machen. Dabei hat sich die ausdifferenzierte föderale Sicherheitsstruktur bewährt. Wir werden sie weiter verbessern durch eine wirkungsvollere Zusammenarbeit des Bundes mit den Ländern. Demokratie ist die Basis einer Gesellschaft, die allen die Chance bietet, in Freiheit und Sicherheit zu leben. Mit einem <u>Demokratiefördergesetz</u> werden wir Vereine, Projekte und Initiativen langfristig fördern und sie besser wappnen gegen die Feinde unserer offenen Gesellschaft. (...) Zu einer lebendigen Demokratie gehört eine <u>starke Zivilgesellschaft</u> und ein <u>zeitgemäßes Gemeinnützig-keitsrecht</u>." (alle Hervorhebungen per Unterstreichung vom Buchautor)

Fazit: Mit diesen programmatischen Aussagen setzt die SPD in einer von ihr geführten Bundesregierung voll auf die „repräsentative Karte". Von ihr dürfen für die Legislaturperiode keine direktdemokratischen Impulse zu erwarten sein.

Freie Demokratische Partei (FDP): „Nur das Parlament entscheidet"

Im Wahlprogramm „Nie gab es mehr zu tun" ist im Kapitel „Nie war Modernisierung dringlicher – Modernisieren wir endlich unser Land!" unter dem Abschnitt „Demokratie und Parlamentarismus" nachzulesen: „Unsere Demokratie und unsere Freiheit sind bedroht durch Extremis-mus, durch Populismus und durch Gleichgültigkeit. Für uns Freie Demo-kraten ist es daher eine Kernaufgabe, die <u>liberale Demokratie mit Leben zu erfüllen</u>, sie fortzuentwickeln und zu verteidigen (…)". Im Unterab-schnitt „Chancen der Bürgerberatung für die Stärkung des Deutschen Bundestags nutzen" wird diese Zielvorstellung präzisiert. Hier findet man unter anderem folgende Aussagen:

„Wir Freie Demokraten <u>bekennen uns zur repräsentativen Demokratie. Die zentralen Orte der Diskussion und Entscheidung sind unsere Parla-mente.</u> Auch die repräsentative Demokratie gewinnt aber durch neue Instrumente der Beteiligung der Bürgerinnen und Bürger außerhalb von Wahlen. <u>Entscheidender Adressat und Auftraggeber für mehr Bürgerbe-teiligung sind für uns daher die Parlamente</u>, etwa durch die Möglichkeit der <u>Bürgerberatung durch Hausparlamente</u>, die <u>Erweiterung des Petiti-onsrechts</u> um das „Bürgerplenarverfahren" oder durch per Zufallsauswahl besetzte <u>Bürgerräte</u>. Stets muss dabei unmissverständlich klargestellt sein, dass <u>nur das Parlament legitimierte Entscheidungen trifft</u>, der Bera-tungsauftrag klar eingegrenzt und die Erwartungen klar definiert sind."

Fazit: Die FDP sieht für die Volksgesetzgebung keinerlei Notwendigkeit, alle Gesetzgebungsbefugnis bleibt dem Parlament vorbehalten.

Bündnis 90/Die Grünen: „Unsere Demokratie muss diverser werden"

Vorbemerkung: Bereits zu Beginn ihrer Gründung war das Verhältnis dieser Partei zur (dreistufigen) Volksgesetzgebung zwiespältig (Kapitel 7). Dennoch war in den drei ersten Grundsatzprogrammen der Grünen (1980, 1993, 2002) die Forderung nach Einführung der direkten Demokratie auf Bundesebene einer der Eckpfeiler grüner Identität. Damit ist es nun erst einmal vorbei. Auf Antrag des Bundesvorstands wurde mit dem Beschluss der ersten digitalen Bundesdelegiertenkonferenz (Parteitag) am 22. November 2020 die Volksgesetzgebung aus der Parteiprogrammatik gestrichen. Ein letzter Versuch, dies durch einen Änderungsantrag zu verhindern, fand bei den Delegierten keine Mehrheit.

Im Abschnitt „Wir erneuern das demokratische Fundament – Für eine transparentere Politik" von Kapitel 5 („Zusammen leben") des mit dem Slogan „Deutschland. Alles ist drin" titulierten Wahlprogramms der Grünen heißt es im Wortlaut: „Demokratie lebt vom Vertrauen der Bürger*innen, jeder Anschein käuflicher Politik richtet Schaden an. Wir wollen das Vertrauen in demokratische Institutionen und Mandatsträger*innen stärken und das Primat der Politik gegenüber intransparenter Einflussnahme schützen. Wir sind überzeugt: Transparente und nachvollziehbare Politik stärkt das Gemeinwohl. Deshalb wollen wir Lobbyismus transparenter und den Einfluss organisierter Interessensgruppen und von Lobbyist*innen sichtbar machen."

Weitere Erläuterungen werden im Abschnitt „Parlament stärken, Wahlrecht reformieren" gegeben: „Es ist höchste Zeit für eine faire Verteilung von Macht. Unsere repräsentative Demokratie muss diverser werden, unsere Parlamente brauchen die Vielfalt der Herkunft und Lebenswege, die Debatten brauchen die Perspektiven, die daraus entstehen."

Fazit: Kurz vor der Bundestagswahl 2021 hatten sich die Grünen von der dreistufigen Volksgesetzgebung, einem ihrer zentralen Gründungsimpulse, verabschiedet. Nun halten sie am repräsentativen Prinzip fest und fordern mehr Transparenz und Durchlässigkeit. Sie sehen jedoch keinen Regelungsbedarf für die Verwirklichung der komplementären Demokratie, für eine wirkliche „Verteilung der Macht" im Sinne des Gedankens der Volkssouveränität.

Christlich Demokratische Union Deutschlands/Christlich-Soziale Union in Bayern: „Volksentscheide nie und nimmer!"

Dass die CDU/CSU die direkte Gesetzgebung durch das Volk auf Bundesebene seit 1949 scheut wie der Teufel das Weihwasser, ist in diesem Buch mehrfach aufgezeigt worden. Da wundert es nicht, dass im Programm zur Bundestagswahl 2021 keinerlei direktdemokratische Ambitionen erkennbar sind.

Im Ausklang der Ära **Angela Merkel** lässt sich so manches an der Gesinnung der scheidenden Bundeskanzlerin und langjährigen CDU-Vorsitzenden festmachen. Sie hält nicht viel von der Arbeit in basisdemokratischen Zusammenhängen – was nicht verwundert angesichts ihrer DDR-Vergangenheit mit der charakterlichen Prägung durch ein staatssozialistisches System, dessen Ideologie demokratische Teilhabe allenfalls auf dem Papier vorsah und der Förderung von autoritär-unterwürfigem Verhalten Vorschub leistete. Merkels Grundhaltung – zu staatlich-politischem Handeln, zur politischen Arbeit, die auf Machbarkeit abzielt, und zum Problem der Autorität – wird in einem 1991 geführten, in seiner gesamten Länge überaus empfehlenswerten Fernsehinterview mit dem Journalisten und einstigen DDR-Botschafter der Bundesrepublik bei der Ständigen Vertretung in Ost-Berlin, Günter Gaus, deutlich.[91]

Explizit gegen die Volksgesetzgebung wendet sich Merkel in einer Rede zur Vorstellung des Allensbacher Jahrbuchs der Demoskopie „Die Berliner Republik" am 3. März 2010 in Berlin. Vielsagend heißt es darin: „Aber genau deshalb bin ich auch zutiefst davon überzeugt, <u>dass es richtig ist, dass wir eine repräsentative Demokratie und keine plebiszitäre</u>

---

[91] Veröffentlicht in der Sendereihe „Zur Person – Porträts in Frage und Antwort. Günter Gaus im Gespräch mit Angela Merkel". Zu finden im Internet unter youtube.com/watch?v=EEY15eXSWgc (Abruf am 1. November 2021).

Demokratie haben und dass uns die repräsentative Demokratie für bestimmte Zeitabschnitte die Möglichkeit gibt, Entscheidungen zu fällen, dann innerhalb dieser Zeitabschnitte auch für diese Entscheidungen zu werben und damit Meinungen zu verändern."[92]

Merkel fährt fort: „Wir können im Rückblick auf die Geschichte der Bundesrepublik sagen, dass <u>all die großen Entscheidungen keine demoskopische Mehrheit hatten,</u> als sie gefällt wurden. Die Einführung der Sozialen Marktwirtschaft, die Wiederbewaffnung, die Ostverträge, der Nato-Doppelbeschluss, das Festhalten an der Einheit, die Einführung des Euro und auch die zunehmende Übernahme von Verantwortung durch die Bundeswehr in der Welt – <u>fast alle diese Entscheidungen sind gegen die Mehrheit der Deutschen erfolgt.</u>"

Fragen stellen sich zum Sinngehalt dieser Äußerungen: Wird hier Demokratie mit Demoskopie gleichgesetzt? Wieso kann sich Frau Merkel darin sicher sein, dass „fast alle diese Entscheidungen gegen die Mehrheit der Deutschen" erfolgten? Was wäre dagegen passiert, wenn permanent die Möglichkeit bestanden hätte, über den Weg der dreistufigen Volksgesetzgebung den Mehrheitswillen zu „großen Entscheidungen" zu aktivieren, ihn jeweils konkret zu ermitteln und ihn zur Richtschnur des politischen Handelns der Staatsorgane zu machen?

Dass auch Merkels Parteikollege und Unions-Kanzlerkandidat **Armin Laschet** kein Freund der Volksgesetzgebung ist, zeigen mehrere Stellungnahmen bei einer Google-Abfrage im Internet, die seine ablehnende Haltung dokumentieren. Am unmissverständlichsten formuliert dies Laschet in einem „B5-Interview der Woche" des bayerischen Nachrichtensenders (3. Dezember 2016): <u>„Volksentscheide wird es nie und nimmer mit der CDU Deutschland geben."</u>

Fazit: Die CDU/CSU bleibt ihrer Linie treu, der zufolge sich „die repräsentative Demokratie bewährt" habe. Ob die Union, wenn sie künftig auf

---

[92] Nachzulesen im Bulletin der Bundesregierung; Nr. 21-2, 3. März 2010, S. 3.

den Oppositionsbänken des Bundestags Platz nimmt, sich besinnt und ihre fundamentale Ablehnungshaltung überdenkt, bleibt abzuwarten. Spannend dürfte auch sein, inwieweit sich die bayerische Schwesterpartei CSU in der Angelegenheit künftig positionieren wird. Immerhin regiert sie seit langer Zeit in einem Bundesland, welches vergleichsweise moderate (wenn auch bei Weitem noch nicht optimale) Durchführungsbestimmungen für die Volksgesetzgebung vorsieht und eine direktdemokratische Kultur aufweisen kann – infolge der Einführung von Bürgerbegehren und Bürgerentscheiden im Jahr 1995 (per Volksabstimmung!), nicht zuletzt auch auf kommunaler Ebene. Im Jahr 2023 stehen Landtagswahlen im Freistaat an. Ein womöglich willkommener Anlass für den amtierenden Ministerpräsidenten Markus Söder, sein direktdemokratisches Profil aufzuputzen und die Gelegenheit zu nutzen, seinen Einfluss über Mittelsleute und Parteigetreuen auch bundespolitisch für die zeitgemäße Regelung eines künftigen Bundesabstimmungsrechts geltend zu machen?

Alternative für Deutschland (AfD): „Das Volk ist der Souverän"

Vorbemerkung: Im Jahr 2018 hatte die AfD-Fraktion im Deutschen Bundestag einen Antrag zur „Einsetzung einer Enquetekommission ‚Direkte Demokratie auf Bundesebene'" eingebracht.[93] Gefordert wurde darin die „unverzügliche Konstituierung" derselben und Vorlage von „Ergebnissen und Handlungsempfehlungen, damit noch in der 19. Legislaturperiode erste Umsetzungsschritte erfolgen können". Der Antrag wurde am 19. April 2018 im Plenum behandelt und von den anderen Bundestagsfraktionen abgelehnt.[94]

Gleich im ersten Kapitel des zur Bundestagswahl 2021 präsentierten AfD-Wahlprogramms „Deutschland. Aber normal" ist unter dem Titel „Demokratie und Rechtsstaat" der Abschnitt „Das Volk ist der Souverän" formuliert. Darin wird „die unmittelbare Demokratie für ein unverzicht-

---

[93] Deutscher Bundestag, 19. Wahlperiode, Drucksache 19/1699 vom 17. April 2018.

[94] www.bundestag.de/dokumente/textarchiv/2018/kw16-de-direkte-demokratie-548640 (Abruf am 3.11.2021).

bares Mittel (gehalten), um dem autoritären und teilweise totalitären Gebaren der Regierungspolitiker Einhalt zu gebieten". Welche Regelungen hierzu notwendig sind, wird im Weiteren ausgeführt: „Die AfD fordert Volksentscheide nach Schweizer Modell auch für Deutschland. Die uneingeschränkte Volkssouveränität in ihrer fast 200 Jahre bewährten und optimierten Gestaltung hat dem eidgenössischen Bundesstaat eine fortwährende Spitzenstellung in Wohlstand, Frieden und Freiheit gewährleistet. Durch die Volksabstimmungen wollen wir die Flut der oftmals unsinnigen Gesetzesvorlagen eindämmen und die Parlamente zu sorgfältiger Arbeit zwingen. Unangemessenen Beschlüssen der Abgeordneten in eigener Sache wollen wir einen Riegel vorschieben."

Was den Stellenwert und die näheren Einzelheiten zur praktischen Ausgestaltung der Volksgesetzgebung anbelangt, gibt das Wahlprogramm darüber ebenfalls Auskunft: „Die Einführung von Volksabstimmungen nach Schweizer Modell ist für die AfD nicht verhandelbarer Inhalt jeglicher Koalitionsvereinbarungen und beinhaltet insbesondere folgende Elemente: Ohne Zustimmung des Volkes darf das Grundgesetz nicht geändert und kein bedeutsamer völkerrechtlicher Vertrag geschlossen werden. Wir wollen dem Volk das Recht geben, den Abgeordneten auf die Finger zu schauen und vom Parlament beschlossene Gesetze zu ändern oder abzulehnen. Das Volk soll die Möglichkeit erhalten, Gesetzesinitiativen einzubringen und per Volksabstimmung zu beschließen. Hierbei soll es jenseits des Art. 79 Abs. 3 GG keine thematischen Beschränkungen geben. Die Qualität der Entscheidung der Bürger muss gesichert werden durch einen ausgeprägten und autonomen Prozess der Willensbildung, durch Informationspflichten und -rechte und eine breite gesellschaftliche Debatte. Auch die Parlamente sollen die Möglichkeit erhalten, eine Volksabstimmung zu initiieren."

Fazit: Ihre Forderung nach direkter Demokratie leitet die AfD folgerichtig aus dem Kontext der Volkssouveränität ab, wie sie erstmals in der Französischen Revolution die weltgeschichtliche Bühne betrat. In deren Ausführung wird auf die politische Tradition der Schweiz mit obligatorischem Verfassungs- und fakultativem Gesetzesreferendum auf Bundesebene sowie der eidgenössischen Volksinitiative (im Sinne eines bundesweiten Volksbegehrens zum Volksentscheid über eine aus dem Volk eingebrachte Gesetzesvorlage) zurückgegriffen (Kapitel 4). Bedauerlich ist, dass die Regelung der gleichberechtigten Artikulation von Für und Wider in den Massenmedien während der Phase vor Volksentscheiden ebenso fehlt wie die erste Stufe der an den Bundestag gerichteten außerparlamentarischen Gesetzesinitiative. Alles andere als sachgemäß zu beurteilen ist die Möglichkeit für Parlamente, „eine Volksabstimmung zu initiieren". Durch diese Vorgehensweise wäre dem Bonapartismus, also der autoritären Herrschaft „im plebiszitären Gewand", Tür und Tor geöffnet – also genau dasjenige „autoritäre und teilweise totalitäre Gebaren" der Regierungspolitik, was die AfD in ihrem Wahlprogramm 2021 eigentlich eindämmen wollte.

Die Linke: „Die Demokratie demokratisieren"

Name des Wahlprogramms: „Zeit zu handeln: Für soziale Sicherheit, Frieden und Klimagerechtigkeit!"
Kapitel: „Die Demokratie stärken"
Abschnitt: „Die Demokratie demokratisieren!"

Daraus ein kleiner Auszug: „Demokratie ist mehr, als alle vier Jahre seine Stimme abzugeben. Dafür müssen auf allen Ebenen und in allen Bereichen, von der europäischen, internationalen wie kommunalen Ebene bis hin zum Betrieb, zur Wirtschaft, mehr Mitbestimmung und Beteiligung geschaffen werden. Deshalb fordert „Die Linke" seit Jahren, dass Volksinitiativen, Volksbegehren und Volksentscheide auch auf Bundesebene möglich sein müssen. (…) Wir wollen, dass die Privatisierung von **öffentlichen Dienstleistungen** ebenso gestoppt wird wie alle öffentlich-privaten Partnerschaften (ÖPP). Bis das durchgesetzt ist, müssen alle Privatisierungsvorhaben den Bürger*innen zur **direkten Abstimmung** per Volksentscheid vorgelegt werden. Wir wollen **Volksinitiativen, Volksbegehren und Volksentscheide** auf Bundesebene einführen. Die Ausweitung der Mitbestimmungsrechte schließt auch die Einführung von Referenden ein, d.h., die Bürger*innen können

gegen parlamentarische Entscheidungen ein Veto einlegen." (Hervorhebungen sind dem Programm entnommen)

Fazit: Als einzige in den 20. Deutschen Bundestag gewählte parteipolitische Strömung will Die Linke den Bürgerinnen und Bürgern die dreistufige Volksgesetzgebung verfügbar machen. Wie diese im Einzelnen geregelt ist, wird im Bundestagswahlprogramm 2021 allerdings nicht detailliert dargelegt.

Ökologisch-Demokratische Partei (ÖDP): Bürgerbeteiligung stärken

Name des Wahlprogramms: „Das Gute gewinnt!"
Kapitel: „Demokratie, sozialer Frieden und Verteilungsgerechtigkeit"
Abschnitt: „Demokratie"

„Zur Sicherung unserer Demokratie durch Mitbestimmung und politische
Einflussnahme fordert die ÖDP eine unabhängige Politik; dazu muss die
Bürgerbeteiligung auf allen Ebenen gesetzlich gestärkt werden. (…) Politik muss dem Volk verpflichtet sein und nicht großen Konzernen! Außerdem fordern wir eine direktere Demokratie, Teilhabe an politischen Ent-
scheidungsprozessen, durch Volksbegehren und Volksentscheide auf
Bundesebene und in allen Bundesländern gemäß Art. 20 (2) Grundgesetz
und Abbau von Zugangshürden."

Fazit: Das ÖDP-Programm orientiert sich an den Regelungen, wie sie in
den meisten Bundesländern bestehen, und fordert niedrigere Quoren.

Freie Wähler (BaWü): Zum „zentralen Gestalter der Politik" werden

Name Wahlprogramm: „Stabilität, Sicherheit, Freiheit: Die Kraft der
Mitte."
Kapitel: „Demokratie & Bürgertum"
Abschnitt: „Mehr Demokratie"

Aus dem Inhalt: „Die Bürger*innen müssen die zentralen Gestalter der
Politik werden. Wir stehen daher für den Ausbau direkter Beteiligungs-
möglichkeiten für die Bürger*innen in der Politik. (…) Wir sind über-

zeugt, dass mehr direkte Demokratie zu <u>besseren politischen Entschei-</u><u>dungen</u> und zu einer <u>nachhaltigen Reduzierung der Politikverdrossenheit</u> <u>in Deutschland</u> führt. Es sollen <u>bundesweite Volksinitiativen, Volksbe-</u><u>gehren und Volksentscheide</u> ermöglicht werden. (...) Unser <u>konkreter</u> <u>Vorschlag zur Realisierung</u>: Sowohl der Bundestag als auch eine Volksinitiative können einen Bürgerrat zu einem Sachthema initiieren. Je 100.000 Wahlberechtigte können eine Gesetzes- oder Bürgerinitiative ins Parlament einbringen. Diese ist vom Bundestag geschäftsordnungsmäßig zu behandeln. Wird diese oder das Ergebnis eines Bürgerrats nicht vom Bundestag übernommen, so können eine Million wahlberechtigte Bürger*innen einen Volksentscheid herbeiführen, bei dem schließlich die Mehrheit entscheidet."

Fazit: Der baden-württembergische Landesverband der Freien Wähler kann sich mit der Grundgestalt der dreistufigen Volksgesetzgebung durchaus anfreunden.

Piratenpartei Deutschland: „Wir sind für die Einführung"

Auch die Piraten haben sich zur direkten Demokratie auf Bundesebene positioniert. Im Kapitel „Demokratie wagen" ihres Wahlprogramms steht im Abschnitt „Bürgerbeteiligung" geschrieben: „Ein im Parlament beschlossenes Gesetz soll nicht in Kraft treten, wenn die Bürgerinnen und Bürger es in einer Abstimmung ablehnen (fakultatives Referendum). Wichtige EU-Reformen und Verfassungsänderungen müssen immer durch die Bürgerinnen und Bürger in einer Abstimmung bestätigt werden (obligatorisches Referendum). Wir sind <u>für die Einführung von Volksini-</u><u>tiativen, Volksbegehren und Volksentscheiden auf Bundesebene.</u>"

Fazit: Neben Referenden – ähnlich wie in der Schweiz – ist die dreistufige Volksgesetzgebung zentraler Punkt im Forderungskatalog der Piraten.

Volt Deutschland: „Möglichkeit zur demokratischen Teilhabe"

Name des Wahlprogramms: „Neue Politik. Neues Europa."
Kapitel: „Unsere Zukunft: Europäisch. Demokratisch. Aktiv."

Abschnitt: „Stärkung der Demokratie in Deutschland und Europa" (im Speziellen unter Punkt 4: „Wahlrecht und Bürger*innenbeteiligung")

Einleitend heißt es: „Für uns ist es von zentraler Wichtigkeit, dass alle Menschen, die Teil unserer Gesellschaft sind, diese mitgestalten und von politischen Entscheidungen betroffen sind, auch die Möglichkeit haben, demokratische Teilhabe auszuüben – nicht zuletzt über Wahlen. (...) Unser übergeordnetes Ziel ist eine politische Kultur, in der es selbstverständlich ist, dass sich Bürger*innen am Gesetzgebungsprozess und an Haushaltsfragen direkt beteiligen können."

Und weiter: „Wir wollen ein Online-Beteiligungsportal schaffen, an dem möglichst viele Bürger*innen aktiv am Gesetzgebungsprozess mitwirken können. Interessierte Bürger*innen können dort die bestehenden E-Petitionen zeichnen sowie direkt mit den politischen Entscheidungsträger*innen in Dialog treten. Petitionen müssen innerhalb von maximal zwei Jahren bearbeitet werden. Gesetzesentwürfe der Bundesregierung sollen vor deren Beschluss für mindestens vier Wochen allen Bürger*innen zur Einsicht und Kommentierung offenstehen."

Fazit: Die direkte Gesetzgebung ist im Wahlprogramm von Volt Deutschland kein Thema. Dort werden zwar verschiedene Formen an Beteiligungs- und Mitwirkungsrechten aufgezählt. Bürgerinnen und Bürger können hier „mitwirken", „in Dialog treten" und „kommentieren". Doch volksgesetzgeberisch bis zum Volksentscheid tätig zu werden, ist dem Souverän nicht gestattet. Damit verkennt die Volt-Partei die Kernproblematik der fehlenden demokratischen Legitimation von parlamentarischen Entscheidungen.

Basisdemokratische Partei Deutschland (die Basis)

Diese Partei ist im Gefolge der Protestbewegung gegen Covid-19-Maßnahmen entstanden. Auf sie wird im folgenden Kapitel genauer eingegangen.

11. Ein konstruktiver Weg am Beispiel Corona-Krise

Wie Maßnahmenkritiker über die Volksgesetzgebung denken

„Bei Berichten über medizinische Themen ist eine unangemessen sensationelle Darstellung zu vermeiden, die unbegründete Befürchtungen oder Hoffnungen beim Leser erwecken könnte. Forschungsergebnisse, die sich in einem frühen Stadium befinden, sollten nicht als abgeschlossen oder nahezu abgeschlossen dargestellt werden."
(Deutscher Presserat, Publizistische Grundsätze/Pressekodex, Punkt 14)

„Was ich für mich persönlich möchte und was ich bezüglich des Gemeinwohls für vernünftig halte, spielt auf zwei verschiedenen Bühnen. Hier kommt unvermeidlich ein tragisches Element ins Spiel, weil der Konflikt zwischen Privatem und Politischem selten verlustfrei aufzulösen ist. Der Staat ist nicht der Hausarzt des Bürgers. Der Staat muss ertragen können, dass Menschen sterben. Der Staat kann nicht um jeden Preis jedes einzelne Leben jedes seiner Bürger retten. Er darf es nicht. Menschen, die das dennoch verlangen, sind unpolitische, moralistische Extremisten. Sie sind offenbar in der Mehrheit, und sie versuchen gerade, die sogenannte neue Normalität zu etablieren."
(Marcus J. Ludwig, empore.blog/die-schuld-der-schafe)

„Die Zukunft von Corona wird politisch entschieden."
(Martin Haditsch im Interview mit epochtimes.de, 14. August 2021)

Zusammenfassung

Seit 1949 fehlt den in Deutschland getroffenen Entscheidungen die demokratische Legitimation. Dies gilt somit auch für alle Beschlüsse, die im Gefolge der sogenannten Corona-Pandemie seit Anfang 2020 gefällt worden sind. In der Schweiz ist man da weiter: Dort fand im Juni 2021 ein Referendum statt, bei der 40 Prozent der Abstimmenden die von Regierung und Nationalrat (Parlament) beschlossenen Corona-Maßnahmen nachträglich ablehnten. Ende November 2021 stimmte der Schweizer Souverän erneut darüber ab.[95] Auch Corona-Kritiker in Deutschland erwägen, die Volksgesetzgebung für ihre Ziele zu nutzen.[96] Kann daraus neuer Schwung für die Demokratiebewegung entstehen? –

Ein kleines **Gedankenexperiment**: Man stelle sich vor, die dreistufige Volksgesetzgebung mitsamt Medienbedingung wäre in Deutschland auf Bundes- und Länderebene seit vielen Jahren verfügbar. Eine gewisse direktdemokratische Kultur hätte sich in der deutschen Gesellschaft ausbilden können und das politische Leben der Bundesrepublik durchzogen. Die Medien hätten Erfahrungen mit ausgewogener, sachlicher Berichterstattung zu Abstimmungsthemen gesammelt. Viele Bürgerinnen und Bürger hätten ihre Politikverdrossenheit und Ohnmachtsgefühle gegenüber parlamentarischen Beschlüssen überwunden, weil sie plötzlich merken, dass sie sich in die grundlegende Gestaltung der sozialen Verhältnisse aktiv einbringen können. Weil sie sich dessen bewusst sind, dass es auf sie selbst ankommt, welchen Kurs ihr Gemeinwesen einschlägt.

Man darf getrost annehmen: Unter diesen Vorzeichen hätte ein derartiges Ereignis wie das Auftreten einer Gefahrenlage für die öffentliche Gesundheit einen völlig anderen Verlauf genommen als dasjenige, was sich seit Februar 2020 in Deutschland abspielt. Selbst wenn eine „epidemische Lage von nationaler Tragweite"[97] ausgerufen worden wäre und „Bund-Länder-Meetings" von Bundeskanzleramt und Ministerpräsidentenriege das Krisenmanagement übernommen hätten: Mit Volksinitiativen, Volks-

---

[95] Das Abstimmungsergebnis vom 28. November 2021 stand erst bei Drucklegung fest.

[96] Unter www.rubikon.news/artikel/das-vorenthaltene-recht hat der Buchautor im Sommer 2021 eine erste Bestandsaufnahme veröffentlicht.

[97] Die „epidemische Lage von nationaler Tragweite" stellte die bundesrechtliche Grundlage für Verordnungen und zentrale Corona-Maßnahmen in Deutschland dar. Sie wurde vom Bundestag im März 2020 festgestellt, in der Folge mehrfach verlängert und lief Ende November 2021 aus.

begehren und Volksentscheiden im Bund und den Ländern, auf Grundlage gesetzlich gesicherter Informationspflichten der Medien, hätten alternative Umgangsweisen mit dem Coronavirus auf die Tagesordnung gesetzt und womöglich mehrheitsfähig gemacht werden können. Ein ganz anderes soziales Bewusstsein hätte sich einstellen, Aufklärung und eine Debattenkultur an die Stelle von Angst und Panikmache treten können.

Diese konstruktive Möglichkeit, einer tatsächlichen oder vermeintlichen Krise begegnen zu können (die in Wirklichkeit, zu Ende gedacht, eine große Bewusstseinskrise der Menschheit darstellt), gab es 2020/2021 in Deutschland nicht. Zumindest in den Bundesländern hätten Skeptiker der Corona-Maßnahmen allerdings aktiv werden und außerparlamentarische Gesetzesinitiativen einbringen können – auch wenn die Volksgesetzgebung dort großenteils bürgerfern und miserabel geregelt ist. Doch nichts geschah in dieser Richtung – vielmehr setzten die „Querdenken"-Bewegung und alle anderen Kritiker der herrschenden Corona-Politik, neben Aufklärungsarbeit, bis zur Gegenwart vornehmlich auf Massenaufmärsche und Teilnahme an (oftmals verbotenen) Kundgebungen.

Demokratiepolitisch analysiert, drängt sich ein Vergleich mit der Situation Anfang der 1980er-Jahre auf – der Zeit der Raketenstationierung in der BRD, der großen Friedensmärsche und der Sitzblockaden vor militärischen Einrichtungen. „Die Kampagne gegen die Nachrüstung warf ein bezeichnendes Licht auf das politische Bewusstsein dieser Jahre, das sich aber bis heute nicht wesentlich geändert hat: Mit allem damit verbundenen Aufwand demonstrieren gelegentlich Hunderttausende, aber die meisten von ihnen bringen nicht den Willen auf, diesen für das Ziel der Volksgesetzgebung zu bekunden, durch das sich all das immer wieder ergebnislose Demonstrieren, Lamentieren und Kritisieren erübrigen bzw. in konstruktive Bahnen lenken ließe. In dieser Hinsicht waren die Ereignisse des Jahres 1983 symptomatisch."[98] In Zeiten von Corona ist dem nicht mehr viel hinzuzufügen. Oder andersherum gesagt: Solange sich

---

[98] Zitiert aus: wirsinddeutschland.org/dokumentation (letztmalig abgerufen am 11. November 2021).

„Querdenken" & Co. nicht als Demokratiebewegung im beschriebenen Sinne verstehen und – mit allen anderen zivilgesellschaftlichen Kreisen – die Kräfte zu bündeln versuchen, damit ein Durchbruch an zentraler Stelle gelingt, so lange werden alle anderen Aktivitäten (Demos, Petitionen, ziviler Ungehorsam, Widerstand) verpuffen und die Klärung der Machtfrage kein einziges Stück voranbringen.[99]

Dass unser Grundgesetz – von staatlich-offizieller Seite bei jeder sich bietenden Gelegenheit hochgelobt und angepriesen – nach inzwischen 72 Jahren Betriebsdauer dringend ergänzungsbedürftig ist, haben einige der prominenten Akteure und Wortführer der Corona-Kritiker offenbar erkannt. Zumindest legen dies verschiedene Äußerungen von Personen nahe, auch wenn ihre Einsicht noch zu keinen tatkräftigen Konsequenzen hinsichtlich der Verfügbarmachung des Abstimmungsrechts auf Bundesebene zu führen scheint.

In einem Interview am 6. Oktober 2020 bei „KenFN am Set"[100] äußerte sich **Michael Ballweg**, Mitgründer von „Querdenken 711", zur Möglichkeit einer Verfassungsreform: „Wir brauchen nicht ein neues (Grundgesetz), aber wir müssen darüber nachdenken, wie man das verbessern kann. Weil das, was gerade passiert, dass die Regierung sich immer mehr

---

[99] Den Verantwortlichen des Fachverbands „Mehr Demokratie" ist zu Beginn der Corona-Krise nicht mehr eingefallen, als in einem „Demokratie-Forderungskatalog" die Bedeutung von „starken Parlamenten" zu betonen und die „besonders schmerzlichen Einschränkungen des Demonstrations- und Versammlungsrechts" anzusprechen (MD-Pressemitteilung vom 17. April 2020). Besser wäre es gewesen, schonungslos die wahre Ursache der Misere offenzulegen: Dass die grundgesetzliche Demokratie seit 1949 nur auf einem Bein (Wahlen) steht und das Abstimmungsrecht dem Volk bis heute vorenthalten wird. Statt „starker Parlamente" braucht es eine starke Volksgesetzgebung im Bundesrecht und in den Länderverfassungen. Fehlanzeige bei „Mehr Demokratie" auch im Update des Neun-Punkte-Programms „Corona – Das Virus und die Demokratie" vom 26. Oktober 2020: Dort wird lediglich festgehalten, dass „die Parlamente die grundlegenden Entscheidungen treffen müssen".

[100] Siehe apolut.net/kenfm-am-set-michael-ballweg (Minute 19/29; letztmaliger Abruf am 7. November 2021).

selbst ermächtigt, ja durch dieses Werk nicht verhindert werden konnte. Und da muss man letztlich darüber nachdenken, wie wir das Werk so verbessern können, dass so was eben nicht mehr passiert." Die daraufhin gestellte Zwischenfrage des Interviewpartners, ob hier nicht „direkte Demokratie eine Möglichkeit wäre", bejahte Ballweg („das wäre eine") – unter einer Bedingung: „Da müssen natürlich die Medien auch mitspielen." Damit trifft er mitten ins Schwarze, weil die Medienbedingung im plebiszitären Prozess (Kapitel 2) wesentlich für den Ablauf und daher als Grundbedingung im Regelungsvorschlag der dreistufigen Volksgesetzgebung enthalten ist.

Eine weitere markante Gestalt aus der „Querdenken"-Bewegung ist der Rechtsanwalt **Ralf Ludwig**. Er hat sich in seinem Telegram-Kanal gleich mehrfach zur Thematik geäußert. Am 11. Juni 2021 schrieb er dazu: „Was wir benötigen, ist ein echter politischer Wechsel. Es reicht nicht aus, nur die Regierungspartei zu wechseln. Wir brauchen einen politischen Machtwechsel hin zu uns allen, wie es unter anderem in der Schweiz möglich ist. Wesentliche Fragen unserer Gesellschaft müssen wir gemeinsam beantworten und nicht ein paar wenige Politiker und Lobbyisten." Eine Woche später hieß es bei ihm: „Es gibt nur eine Lösung. In Zukunft müssen wesentliche Entscheidungen wir alle zusammen treffen. Es wird höchste Zeit für direkte Demokratie. Lasst uns jetzt unsere Kräfte bündeln und uns gemeinsam dafür einsetzen, dass nicht mehr einige wenige über unser Schicksal bestimmen."[101] Am 4. Juli 2021 formulierte Ludwig unter anderem: „Wir werden über Volksbegehren und Volksentscheide in den Bundesländern die Gesetzgebung kontrollieren und maßgeblich an ihr mitwirken." Und kündigt an, „nur politische Parteien (zu) unterstützen, deren wichtigstes Ziel ist, Volksentscheide und Volksbegehren auf Bundesebene einzuführen. (…) Wenn wir wirkliche Demokraten sind, halten wir in einer Frage zusammen: Alle staatliche Macht muss immer von den Menschen ausgehen, auf sie zurückzuführen

---

[101] Telegram-Post vom 19. Juni 2021.

sein, durch sie kontrolliert werden und im Notfall auch durch sie ausgeübt werden." Der Popularvorbehalt lässt grüßen!

Und wiederum drei Tage später, am Abend des 7. Juli 2021, präsentierte Ralf Ludwig in seinem Live-Sendeformat „zwanzig4.media" als Schwerpunktthema die „Basisdemokratie" und stellte sie zur Diskussion. Vor dem Hintergrund drohender Repressalien, wie etwa Demo-Verboten, und ausgehend von der Frage, was als Kritiker an den Corona-Maßnahmen zu tun sei, betonte er gleich zu Beginn: „Wir sind gar nicht so ohnmächtig." Um wenig später zu begründen, warum das so sei: „Wir haben plebiszitäre Elemente in allen 16 Bundesländern. In allen Ländern können wir Dinge verändern." Ludwig ermutigte während der Ausstrahlung der Sendung seine „Community", initiativ zu werden: „Es wäre eure Aufgabe, euch zu überlegen, Gesetze in euren Bundesländern zu verändern." Und obwohl der „Querdenken"-Anwalt Jura/Rechtswissenschaften studiert hat, räumte er am selben Abend unumwunden ein, dass er vor der Corona-Krise die verfassungsrechtliche Ausgangslage auf der Landesebene bezüglich der Volksgesetzgebung nicht im Blick hatte: „Mir waren die Möglichkeiten der Volksbegehren und Volksentscheide in den Bundesländern nicht bewusst."

Im Gegensatz zu Ralf Ludwig hat sich ein anderer prominenter Corona-Maßnahmenkritiker schon länger mit direktdemokratischen Verfahren beschäftigt und hierfür auf Kundgebungen im Corona-Jahr 2020 geworben. Und er hat mit Gleichgesinnten eine Partei gegründet[102], die als Hauptpunkt die Volksgesetzgebung auf Bundesebene einfordert. Die Rede ist von **Thorsten Schulte**. „Wir brauchen in Deutschland eine Volksbewegung für direkte Demokratie", betont er in seinem Buch „Fremdbestimmt". Als Musterbeispiel dienen ihm die geltenden Regelungen in der Schweiz, auf deren ausbaufähigen Charakter bereits hingewiesen worden ist (siehe Kapitel 4). Auf dem Holzweg befindet sich Schulte allerdings, wenn er im Grundgesetz an die Bestimmungen der

---

[102] „Die Direkte – Partei für Direkte Demokratie durch Volksentscheide", siehe Homepage www.diedirekte.de

Länderneugliederung gemäß Artikel 29 anknüpfen will.[103] Sollte die Volksvertretung Bestrebungen verfolgen, Neugliederungen des Bundesgebietes ein für alle Mal einen Riegel vorzuschieben, wäre es ein Leichtes, diesen Passus per Grundgesetzänderung zu streichen. Wie in diesem Buch aufgezeigt, fußt das Abstimmungsrecht des Volkes und die Option der Volksgesetzgebung im Bundesrecht nicht auf Artikel 29, sondern auf der unveränderbaren Staatsfundamentalnorm von Artikel 20/2/2 GG.

Kommen wir nun zur Partei **„die Basis"**. Sie ist ein Kind der Corona-Krise und trat mit eigenen Kandidatinnen und Kandidaten bei der Bundestagswahl 2021 am 26. September an. Über das zugrunde liegende Demokratieverständnis gibt ein **Flyer des Landesverbands** der Partei Auskunft, der im Umfeld der Landtagswahl in Baden-Württemberg kursierte. Wörtlich hieß es dort: „Das Grundgesetz garantiert uns Freiheit, Gleichheit und Mitbestimmung. Daher <u>muss der politische Wille der Bürger*innen unmittelbar und kontinuierlich in den Parlamenten zum Ausdruck kommen</u>."[104] Das erstaunt, orientiert sich ein solches „Demokratieverständnis" doch rein am Gedanken der Stellvertreter-Demokratie.

Dass sich „die Basis" noch mitten im Klärungsprozess zur Stellung der Volksgesetzgebung im bundesdeutschen Verfassungsrecht befindet, geht aus einem Interview des Journalisten Boris Reitschuster vom 16. September 2021 mit **David Claudio Siber**, bundespolitischer Koordinator und Beauftragter für Kommunikation und Medien, hervor.[105] Angesprochen auf die politische Schwerpunktsetzung, zeigt sich Siber offen für

---

[103] „Wenn wir den vorbildlichen Weg der Schweizer für direkte Demokratie gehen wollen, können wir an die Parteien im Deutschen Bundestag appellieren, Artikel 29 des deutschen Grundgesetzes um nationale Volksentscheide und Volksbegehren zu ergänzen." (Schulte 2021, S. 430)

[104] Nachzulesen auf der Rückseite des Handzettels „Politik gestalten mit Dir!" (Hervorhebung vom Buchautor).

[105] Veröffentlicht unter anderem auf david-claudio-siber.de (Minuten 14 und 23; Abruf am 8. November 2021).

direkte Demokratie. Man wolle „Volksabstimmungen auf Bundesebene" und „möchte Bürgerbeteiligung verbindlich machen". Bei der Erläuterung der von Reitschuster nachgefragten „Ansätze für mehr Basisdemokratie" wird Siber dann konkret. Im Prozess der Gesetzgebung wolle man – vorausgesetzt, „die Basis" wäre mit eigenen Parlamentariern im Bundestag vertreten – innerparteilich erarbeitete Vorlagen als Anträge einbringen. Zum weiteren Ablauf bemerkt David Claudio Siber einschränkend: „Wir würden das Abstimmungsverhalten, das ist natürlich ein kritischer Punkt, an ein vorheriges Bürgervotum koppeln." Den Einwand von Boris Reitschuster, dass laut Grundgesetz jeder Abgeordnete nur seinem Gewissen unterworfen sei (vgl. die Vorgabe in Artikel 38 Absatz 1 Satz 2 GG), begegnet Siber mit folgender Argumentation: „Das ist ein Feld, das wir ausloten und das wir dehnen werden müssen. Es ist innerhalb der Partei heiß diskutiert." Das sei politisches Neuland. Siber weiter: „Der Wunsch, die Bürger verbindlich zu beteiligen und das Bürgervotum umzusetzen, das ist der einheitliche Wunsch innerhalb der Partei und der einheitliche Standpunkt." Und ergänzend: „Welche juristischen Steine man uns in den Weg legen wird (...), das werden wir sehen müssen. Aber vielleicht ist hier auch einfach ein Transformationsprozess nötig."

Hier will Reitschuster nun wissen, wie die Willensbildung „auf der Ebene der Gesamtbevölkerung" erfolgen solle. Dazu Siber: „Volksentscheide auf Bundesebene wären natürlich das ideale Instrument. Das ist aber noch ein weiter(er?) Weg dorthin. Deswegen würden wir uns als basisdemokratische Partei vorab behelfen, indem wir wichtige oder drängende Fragen zur Abstimmung im Bundestag in der Bevölkerung technisch-digital zur Verfügung stellen über Blockchain-Technologie, sodass jeder aus Deutschland, auch Nichtwahlberechtigte möglicherweise, ihre Stimme abgeben können zu einem Thema." – Anstatt an der Verwirklichung der dreistufigen Volksgesetzgebung mitzuarbeiten, droht die Basisdemokratische Partei schnurstracks in demoskopische Gefilde abzudriften, die dazu noch verfassungsrechtlich auf sandigem Boden gebaut sind.

Unterm Strich gesehen, birgt dieses Kapitel jede Menge Stoff für Anschlussdebatten. Nachfolgend hierfür ein paar erste Denkanstöße:

a) Die bei Corona-Demonstrationen stets zu hörenden Rufe **„Wir sind das Volk"**, entlehnt aus der Wendezeit 1989 in der Ex-DDR, klingen zwar „souveränitätsbewusst". Sie reichten aber schon damals nicht aus, den Weg von einem einst SED-dominierten Einheitsstaat in einen Parteienstaat demokratisch lenken zu können (Kapitel 8). Solche Parolen können ein klares Bekenntnis zur dreistufigen Volksgesetzgebung mit der eingebetteten Medienklausel nicht ersetzen.

b) Wenn vonseiten der Corona-Maßnahmenkritiker infolge eingeschränkter Grundrechtsausübung das **Widerstandsrecht** gemäß Artikel 20/4 (GG) geltend gemacht wird, sollten sie sich folgenden Sachverhalt vergegenwärtigen: Noch haben wir nicht den Zustand, dass „andere Abhilfe nicht möglich ist", um sich auf das grundgesetzliche Widerstandsrecht berufen zu können. Abhilfe wäre möglich, wenn das in Artikel 20/2/2 (GG) verbriefte Abstimmungsrecht der Stimmbürgerschaft endlich verfügbar wäre. Da es, als Staatsfundamentalnorm, seit Bestehen der Bundesrepublik Deutschland bis heute außerparlamentarisch nicht abrufbar ist, muss man einerseits prüfen, ob dieses permanente Unterlassen (Kapitel 7 bis 9) nicht bereits die Situation herbeigeführt hat, „diese Ordnung zu beseitigen" (Artikel 20/4). Andererseits ist die Frage, ob in jüngster Zeit genügend Anstrengungen auf allen denkbaren Kanälen (vgl. dazu auch Kapitel 14) unternommen worden sind, das Abstimmungsrecht nachdrücklich einzufordern.

c) Wenn der **Fachverband „Mehr Demokratie"** in der Vergangenheit vor allem mit neuen Prioritäten wie Wahlrechtsformen, Bürgerräten usw. in Erscheinung getreten ist, müssen sich die **„Querdenken"-Bewegung** und andere kritische Köpfe zur bestehenden Corona-Politik fragen, ob „Mehr Demokratie" als Ansprechpartner für ihre Belange überhaupt infrage kommt. Bürgerräte können, selbst wenn sie am Bundestag angesiedelt sind, dem politischen Establishment eigentlich gar nicht unbequem werden. Warum? Weil über den Status des Beratungs- und Vorschlagsrechts hinaus derart gewählte/zugeloste Gremien keine Entscheidungsbefugnis haben. Sie werden damit nicht an der Machtfrage rütteln, die da heißt: Wer ist denn wirklich der Souverän, der eigentliche Bestimmer in

unserem Gemeinwesen? Umgekehrt sollte sich „Mehr Demokratie" überlegen, ob man überhaupt – und wenn ja, in welcher Form – mit Corona-
Maßnahmenkritiker zusammenarbeiten möchte, sollten Letztere in Zukunft tatsächlich verstärkt auf direkte Demokratie setzen.

d) So verlockend die Abwahl eines Landtags, zumal in Corona-Zeiten,
auf den ersten Blick erscheinen mag: Mit Volksgesetzgebung und demokratischer Legitimation von Parlamentsbeschlüssen hat das nichts zu tun.
Bei einem Vorstoß, wie im Oktober 2021 mit dem gescheiterten **„Volksbegehren Landtag abberufen"** in Bayern geschehen, steht eine Entscheidung über ein Gremium und damit eine Personalentscheidung im
Mittelpunkt – und nicht eine Sachentscheidung. Warum das mittlerweile
aufgelöste Bündnis, dessen Mitglieder sich laut Medienberichten auch
aus der „Querdenken"-Szene rekrutierten, dermaßen viel Zeit und Ener-
gie in ein solches Unterfangen investierte, anstatt die Kreativität in einen
Gesetzentwurf zur Überprüfung der bestehenden Corona-Regelungen zu
stecken und diesen öffentlich zu bewerben, ist verwunderlich. Zumal man
sich selbst im Fall einer erfolgreichen Landtagsauflösung per Volksabstimmung fragt: Wie wird es weitergehen mit den Corona-Maßnahmen,
die ja letztlich doch wieder Parlamente beschließen würden und nicht der
Souverän selbst?

e) Ein kleiner Trost für alle, die die bestehenden Regelungen der Volksgesetzgebung in den Ländern für ihre Anliegen nutzen möchten: Wie
(gemäß Artikel 21/1 GG) „die Parteien bei der politischen Willensbildung
des Volkes mitwirken", so trifft dieses auch für außerparlamentarische
Initiativen zu, zweifelsfrei hergeleitet aus Artikel 20/2/2 (Wahlen <u>und</u>
Abstimmungen). Sich formierende **Bürgerinitiativen** sollten – nicht
zuletzt in Krisenzeiten – für die Verfolgung ihrer Zielsetzungen mittels
Volksinitiativen, Volksbegehren und Volksentscheiden selbstbewusst auf
den politischen Ebenen der Länder und Kommunen agieren und den hierfür vom Grundgesetz gewährten Spielraum ausfüllen – auf Augenhöhe
mit der Arbeit der Parteien. Wie diese, können sie das gleiche Recht in
Anspruch nehmen, sich für ihre Initiativen zu versammeln und zu berat-
schlagen.

12. Zur Übertragung von Hoheitsrechten

Das Demokratieverständnis im Rechtsgefüge der EU und UN

„Ich will nun die Aufgaben, die vor Ihnen stehen, zusammenfassen.
Unser beständiges Ziel muss sein, die Vereinten Nationen aufzubauen und zu
festigen. Unter- und innerhalb dieser weltumfassenden Konzeption müssen wir
die europäische Völkerfamilie in einer regionalen Organisation neu
zusammenfassen, die man vielleicht die Vereinigten Staaten von Europa nennen
könnte. Der erste praktische Schritt wird die Bildung eines Europarates sein.“
(Winston Churchill, Europarede vom 19. September 1946, Universität Zürich)

„Zur Politik der europäischen Einigung
gibt es keine verantwortbare Alternative.“
(Helmut Kohl, Ex-Bundeskanzler der Bundesrepublik Deutschland)

„Reden erst die Völker selber, werden sie schnell einig sein.“
(Auszug aus dem Solidaritätslied, Textfassung von Bertolt Brecht, 1931)

Zusammenfassung

Ein nicht unerheblicher Teil der Rechtsnormen, nach denen wir in der
Bundesrepublik unser individuelles und soziales Leben einzurichten haben, geht im Ursprung nicht auf Gesetze von Bundestag und Bundesrat
zurück, sondern originär auf Entscheidungen, die zuvor in zwischenstaat-
lichen Gremien getroffen wurden. Das reicht von gültigen Vertragswer-
ken in Europa (Europäische Union) bis hin zu supranationalen Institutionen, wie etwa den Vereinten Nationen (UN). Deshalb darf eine Untersuchung der Demokratie in ihrem Wesenskern, wie sie in diesem Buch
vorgenommen wird, bei den nationalen Grenzen nicht Halt machen. Der

Blick muss für europäische wie auch internationale Rechtsordnungen geschärft werden, welche sich in den vergangenen Jahren und Jahrzehnten herausgebildet haben. Wer waren die Hauptakteure bei den Beschlüssen in den einzelnen Etappen des europäischen Zusammenschlusses? Wie funktioniert die EU-Gesetzgebung? Wer trifft hier die wesentlichen Entscheidungen? Wo bleiben die Völker als Souveräne der Demokratie? Um sich dem europäischen Einigungsprozesses anzunähern, sollen ausgewählte Aspekte mit Bezug zur Frage der demokratischen Legitimation vor- und zur Diskussion gestellt werden. –

Der erste Gesichtspunkt knüpft an die bestehenden Gebietskörperschaften lokaler, regionaler und staatlicher Größenordnungen an. Je nachdem, in welchem räumlich abgegrenzten Gestaltungsraum man sich bewegt, sind Städte oder Gemeinden, Landkreise oder Bezirke, Bundesländer oder der Bundesstaat Schauplatz politischen Handelns. Als ein Kriterium durchzieht der Grundsatz der **Subsidiarität** das öffentliche Leben. Laut wikipedia handelt es sich um „eine Maxime, die eine größtmögliche Selbstbestimmung und Eigenverantwortung des Individuums, der Familie oder der Gemeinde anstrebt, soweit dies möglich und sinnvoll ist. Das Subsidiaritätsprinzip besagt daraus folgend, dass (höhere) staatliche Institutionen nur dann (aber auch immer dann) regulativ eingreifen sollten, wenn die Möglichkeiten des Einzelnen, einer kleineren Gruppe oder niedrigeren Hierarchieebene allein nicht ausreichen, eine bestimmte Aufgabe zu lösen. Anders gesagt bedeutet dies, dass die Ebene der Regulierungskompetenz immer ‚so niedrig wie möglich und so hoch wie nötig‘ angesiedelt sein sollte.“[106] Die demokratische Legitimation von Entscheidungen wäre an die jeweils konkrete politische Ebene mit der damit verbundenen Stimmbürgerschaft gekoppelt.

Anders als der gängige Subsidiaritätsgedanke mit seiner langen Tradition ist ein zweiter Gesichtspunkt viel weniger geläufig, jedoch nicht minder bedenkenswert. Man kann Subsidiarität in der Gesellschaft nicht nur in staatlich-vertikaler Perspektive (Kommune-Land-Bund), sondern auch in

---

[106] Quelle: wikipedia.org/wiki/Subsidiarität (Abruf am 9. November 2021).

horizontal-funktionaler Hinsicht begreifen und versuchen, diese an den sozialen Phänomenen zu beschreiben. Hier setzt der Gedanke der **Selbstverwaltung** an. „So wenig Staat wie möglich und so viel Staat wie nötig": So könnte, in Anlehnung an die genannte wikipedia-Definition, eines der Leitmotive einer derartigen Herangehensweise formuliert sein. „Viele öffentliche Aufgaben müssen nicht vom Staat entschieden und kontrolliert werden. Vielmehr können politische Aufgaben auch anders übernommen werden. Man könnte ganze Bereiche aus den Staatsaufgaben herauslösen und sie der Selbstverwaltung überantworten", schreibt hierzu Claudine Nierth.[107] Die Buchautorin listet Vorschläge auf, wie durch „Rahmengesetze mit Zielvorgaben", wo die „Letztverantwortung" beim Staat verbleibt (in Verbindung mit dem Popularvorbehalt des Staatsvolks als Souverän), Freiräume für kulturelle oder ökonomische Initiativen entstehen können.

Der dritte Punkt betrifft die **Übertragung von Kompetenzen** von bestehenden, historisch gewachsenen Staatsgebilden innerhalb Europas auf übergeordnete (transnationale) Strukturen. Letzteres zeichnete im Kern den europäischen Integrationsprozess nach dem Zweiten Weltkrieg aus – von der Montanunion (EGKS, 1952) über die Europäische Wirtschaftsgemeinschaft (EWG, Römische Verträge 1957) und Europäische Gemeinschaft (EG, Vertrag von Maastricht 1993) bis hin zur Währungsunion (1999) und politischen Union (EU, Vertrag von Lissabon 2009). Ausgelöst durch einen schrittweisen Souveränitätsverlust der Nationalstaaten, stand vor allem in den 1990er-Jahren die **Verfassungsfrage für Europa** im Zentrum öffentlich geführter Debatten. Auch in zahlreich erschienenen Büchern fand diese Diskussion ihren Niederschlag.[108]

---

107 Nierth/Höftmann Ciobotaru 2021, S. 172 ff.

108 Aus der Fülle der Literatur seien hier zwei Werke exemplarisch herausgegriffen: „Transnationale Demokratie – Impulse für ein demokratisch verfasstes Europa" (Realotopia 1995) und „Das Ende des Selbstbetrugs – Europa braucht eine Verfassung" (Hanser 1997).

Doch **wer** ist letztlich diejenige Instanz, die befugt ist, zu entscheiden, welcher Grad an Souveränität eines Staates an eine übergeordnete Ebene abzugeben ist? Mal ganz zu schweigen von der Möglichkeit, einmal abgegebene Entscheidungskompetenzen wieder zurückverlangen zu können: Was passiert nämlich, sollte man mit der Gesetzgebungspraxis dieser supranationalen Instanz nicht einverstanden sein? (Nicht nur) aus deutscher Sicht liegt genau hier das Problem der bestehenden EU-Architektur: Der laufenden Gesetzgebung wie auch der Fortschreibung der EU-Verträge fehlen die demokratische Legitimation durch die Rechtsgemeinschaften der Einzelstaaten. Seit 1949 von der direkten Volksgesetzgebung in Bundesangelegenheiten ausgeschlossen, war es den deutschen Bürgerinnen und Bürgern nicht möglich, auch nur eine einzige Etappe der europäischen Einigung über den Mehrheitswillen aktiv mitzugestalten. Umso mehr Macht zogen die Exekutiven der EU-Mitgliedstaaten an sich, um – jetzt konstituiert als Europäischer Rat der Staats- und Regierungschefs und Fachministerrunden – auf EU-Ebene Legislativfunktion auszuüben und EU-Gesetze zu beschließen. Sowohl die Demokratie mit dem Grundgedanken der Volkssouveränität, als auch die klassische Gewaltenteilung in Gesetzgebung, vollziehende Gewalt und Rechtsprechung werden mit diesem Vorgehen ausgehebelt.

Schon ein kurzer Blick in das Gepräge des geltenden EU-Vertragswerks offenbart dessen antidemokratischen Charakter. Der **Vertrag von Lissabon** gibt unter Titel II („Bestimmungen über die demokratischen Grundsätze") in Artikel 8a unmissverständlich Auskunft darüber, was unter Demokratie zu verstehen ist: „Die Arbeitsweise der Union beruht auf der repräsentativen Demokratie. Die Bürgerinnen und Bürger sind auf Unionsebene unmittelbar im Europäischen Parlament vertreten. (…) Politische Parteien auf europäischer Ebene tragen zur Herausbildung eines europäischen politischen Bewusstseins und zum Ausdruck des Willens der Bürgerinnen und Bürger der Union bei." Damit sind Parteien auf EU-Ebene nicht nur an der „Mitwirkung bei der politischen Willensbildung" (Art. 21/1 GG) beteiligt, sondern „Ausdruck des Willens" der EU-Bürgerschaft. Im Gegensatz zum Grundgesetz („Wahlen <u>und</u> Abstimmungen") ist das repräsentative Prinzip in der Europäischen Union mit seinem vormundschaftlichen Charakter gegenüber dem Souverän geradezu auf die Spitze getrieben.

Kaum besser ist es um den Demokratiegedanken bei der Durchsicht der
Vertragsgrundlage der **Vereinten Nationen (UN)** bestellt. In Artikel 21
der „Allgemeinen Erklärung der Menschenrechte" von 1948 stößt man
auf Punkt 3, der vorgibt: „Der Wille des Volkes bildet die Grundlage für
die Autorität der öffentlichen Gewalt; dieser Wille muss durch periodische und unverfälschte Wahlen mit allgemeinem und gleichem Wahlrecht
bei geheimer Stimmabgabe oder in einem gleichwertigen freien Wahlverfahren zum Ausdruck kommen." Was nichts anderes als einem Credo für
den Parlamentarismus gleichkommt. Auch auf UN-Ebene wird das Abstimmungsrecht des Volkes komplett ignoriert.

Zwei Bemerkungen zur Abrundung des Kapitels:

1. Ein – wie auch immer gearteter – „Alleingang" einer der europäischen
Staaten, womöglich verbunden mit einem EU-Austritt (wie ihn Großbritannien mit dem „Brexit" vollzogen hat), ruft in heutiger Zeit sofort den
Vorwurf des Nationalismus und Rechtspopulismus hervor. Hier gilt
es, in der politischen Auseinandersetzung abzuwägen, ob ein klares Bekenntnis zur Demokratie nicht besser wäre, als die – womöglich über
einen längeren Zeitraum hinweg sich erstreckende – Entdemokratisierung
der eigenen Nation in der EU hinzunehmen.

2. Mit Blick auf den europäischen Integrationsprozess gibt es im bundesdeutschen Verfassungsrecht eine Besonderheit zu beachten. Der abschließende **Artikel 146** formuliert eine bislang nicht eingelöste Gestaltungsaufgabe. Das Grundgesetz „verliert seine Gültigkeit an dem Tage,
an dem eine Verfassung in Kraft tritt, die von dem deutschen Volke in
freier Entscheidung beschlossen worden ist." Es wird sich zeigen, ob
dieser grundgesetzliche Auftrag als Einladung für eine **vertiefte staatsrechtliche Anbindung der Bundesrepublik an die EU** ausgelegt und
angestrebt – oder aber dem mit Artikel 146 verbundenen ursprünglichen
Willen des Parlamentarischen Rates Rechnung getragen wird: Der Aus-

arbeitung einer neuen deutschen Verfassung und deren Beschluss „in freier Entscheidung", also per Volksentscheid.

13. Wer ist der Souverän?

„The Great Reset" und die Demokratie

„Viele von uns fragen sich, wann sich die Dinge wieder normalisieren werden. Die kurze Antwort lautet: niemals. Nichts wird jemals wieder so sein wie zuvor. Die Normalität in dem Sinne, wie wir sie kannten, ist zu Bruch gegangen und die Coronavirus-Pandemie stellt einen grundlegenden Wendepunkt auf unserem globalen Kurs dar. Einige Analysten sprechen von einem Scheideweg, andere von einer tiefen Krise ‚biblischen' Ausmaßes, das Ergebnis ist jedoch gleich: Die Welt, wie wir sie in den ersten Monaten des Jahres 2020 kannten, gibt es nicht mehr, sie hat sich im Kontext der Pandemie aufgelöst."
(Klaus Schwab/Thierry Malleret, Covid-19: Der große Umbruch)

„Lebe mit deinem Jahrhundert, aber sei nicht sein Geschöpf;
leiste deinen Zeitgenossen, aber was sie bedürfen, nicht was sie loben."
(Friedrich Schiller, Über die ästhetische Erziehung des Menschen, 9. Brief)

Zusammenfassung

Mit der Corona-Krise hat das menschliche Dasein zu Beginn des Jahres 2020 einen grundlegenden Einschnitt erfahren. Es kam einem Paukenschlag gleich: Wie aus heiterem Himmel rückte eine öffentliche Gesundheitsgefahr in den Fokus der medialen Aufmerksamkeit. Weltumspannend ist das soziale Leben in einen Ausnahmezustand geraten, welcher an den Aufenthalt in einer Intensivstation im Krankenhaus erinnert. Von dieser Zäsur, die im Gefolge eine Reihe von einzuhaltenden, staatlicherseits verordneten „Schutzmaßnahmen" nach sich zog, ist die Bevölkerung auf dem gesamten Erdball seit nunmehr fast zwei Jahren geprägt – ein Ende scheint nicht absehbar. Von einer „neuen Normalität" wird gesprochen. Zugleich gibt es erkennbar Bestrebungen, die ausgerufene Corona-

Pandemie zum Ausgangspunkt für ein anderes Lebensmodell zu nehmen. Prominente Persönlichkeiten sinnieren über ein neues Gesellschaftssystem und werben in aller Öffentlichkeit für ihre Pläne und Ziele. Sucht man in der einschlägigen Literatur nach Anhaltspunkten, wie es in dieser neuen globalen Konzeption um die Entwicklungsmöglichkeiten der Demokratie bestellt ist, wird man allerdings nicht fündig. Eher fragt man sich: Dankt der Souverän in der Demokratie ab? –

So manches ist in den vergangenen Jahren über das **Weltwirtschaftsforum (WEF)**, die Ambitionen der teilnehmenden Personenkreise und über die Person **Klaus Schwab** gesagt und geschrieben worden. Allerdings sind die Vorstellungen des WEF-Begründers für ein neues Gesellschaftssystem bislang nur vereinzelt Gegenstand einer breiten gesellschaftlichen Diskussion. Dabei lohnt es sehr, sich damit auseinanderzusetzen – unterbreiten doch Schwab und Gleichgesinnte umfassende Vorschläge für eine Transformation der bestehenden sozialen Verhältnisse, von der kein Mensch auf unserem Planeten ausgenommen sein wird. Getragen von einer Art Sendungsbewusstsein, die Klaus Schwab bei genauerer Betrachtung innewohnt, ist es geradezu die vornehme Pflicht, sich für seine Denkansätze und diejenigen seiner Klientel zu interessieren, sie zu studieren und darüber ins Gespräch einzutreten. Zumal Schwab und seine Mitstreiter unter den Stichwörtern „Vierte Industrielle Revolution" und „The Great Reset" seit geraumer Zeit offen den Umbau der Gesellschaft propagieren.

Nicht gerade häufig lagen in der Vergangenheit, zumal von recht einflussreicher Seite, ausgearbeitete Gesellschaftskonzepte auf dem Tisch. Schon vor dem Ausbruch der Corona-Krise waren sie öffentlich zugänglich und konnten zur Kenntnis genommen werden. Deshalb werden in diesem Kapitel die Grundgedanken beleuchtet, soweit sie die durchziehende Hauptmelodie im vorliegenden Buch berühren – die Betrachtung der Demokratie im Lichte der Krise des heutigen parlamentarischen Systems aufgrund des bestehenden Legitimitätsdefizits. Inzwischen gibt es eine wahre Flut an Sekundärliteratur über „The Great Reset", in welcher der von Schwab präsentierte Transformationsprozess kritisch hinterfragt wird. Darauf wird bei der Untersuchung der hier interessierenden Fragestellung nicht eingegangen, sondern ein anderer Weg eingeschlagen: Getreu dem Spruch „Ich halte mich an das Original" soll anhand einer jüngst erschienenen Publikation in aller Kürze abgeglichen werden, welchen Platz staatspolitische Normative wie Volkssouveränität, Popularvorbehalt oder demokratische Legitimation in der Vision einer neuen globalen Ordnung einnehmen.

Klaus Schwab und Thierry Malleret gehen in einer veröffentlichten Zustandsbeschreibung des beginnenden 21. Jahrhunderts davon aus, dass infolge technologischer Innovationen und angesichts des krisenhaften Zustands, in dem sich die Menschheit befindet, ein „Makro-Umbruch" vonnöten sei. Dieser werde zu weitreichenden Änderungen der Gesellschaftssysteme führen. Speziell die Corona-Pandemie, darin sind sich der WEF-Begründer und sein Co-Autor einig, werde „viele Gesellschaften dazu veranlassen, die Bedingungen ihres Gesellschaftsvertrags zu überdenken und neu auszugestalten".[109] Ohne an diesem Punkt ausdrücklich darauf hinzuweisen, dürfte es sich bei dem von Schwab/Malleret angesprochenen **Gesellschaftsvertrag** um bestehende nationale Verfassungs- und supranationale Vertragsstrukturen handeln. Bei der Frage, „welche Form der neue Gesellschaftsvertrag annehmen könnte", gibt es nach Ansicht der beiden Buchverfasser „keine gebrauchsfertigen Standardmodelle, weil jede potenzielle Lösung von der Geschichte und Kultur des Landes abhängig ist, für das sie gelten soll". Auf der Suche nach „gemeinsamen Merkmalen und Prinzipien" für die Neuausrichtung von Gesellschaftsverträgen werden infolge der Corona-Krise Einflussgrößen aufgezählt.[110] Darunter zählen „als ein weiterer grundlegender Aspekt der Gesellschaftsverträge in den westlichen Demokratien" die **Freiheitsrechte**. Hier stellt das Autorenkollektiv die These auf, dass die zeitliche Beschränktheit und Verhältnismäßigkeit von freiheitseinschränkenden Maßnahmen aufgrund einer „öffentlichen, allgemeinen und existenzbedro-

---

[109] Vgl. Schwab/Malleret 2020, S. 109.

[110] a.a.O., S. 112 ff.

henden" Gefährdungslage „voraussichtlich ein bedeutender Diskussions-
punkt bei der Gestaltung unseres Gesellschaftsvertrags sein wird". Auf
welche bestehende Rechtsordnung sich diese Behauptung bezieht, lassen
Schwab/Malleret jedoch offen. Ebenso unterbleibt, wie an vielen anderen
Stellen ihres Buches, die klare Benennung von Staatsorganen wie „Volk"
(im Sinne der souveränen Rechtsgemeinschaft), „Volksvertretung" (Parlament, Körperschaft) oder „Verfassung" (als fundamentalrechtliche
Grundlegung des Staates).

Bei ihrer Analyse der bestehenden Weltlage sagen die Autoren voraus,
dass der Phase der „Hyperglobalisierung" auf ökonomischem Gebiet
durch die Corona-Pandemie ein Ende bereitet werde und infolgedessen
„eine gewisse Deglobalisierung stattfinden wird".[111] Damit einhergehe
jedoch „die Kehrseite eines möglichen Absturzes, der einen großen wirt-
schaftlichen Schaden und gesellschaftliches Leid verursachen würde".
Diese Tendenz, so Schwab/Malleret, müsse daher begrenzt werden, ohne
sich komplett von der **Globalisierung** zu verabschieden. Notwendig sei
deren Umgestaltung hin zu „einer stärker inklusiven, gerechteren und
damit sozial und ökologisch nachhaltigen Form der Globalisierung". Dies
sei „der einzige gangbare Weg, den Rückzug zu bewältigen", und „erfor-
dert politische Lösungen". Dazu brauche es „eine verbesserte globale
Ordnungspolitik", einen „globalen, strategischen ordnungspolitischen
Rahmen".

Wie – und vor allem, von welchem Träger von Souveränität – diese und
weitere „politische Lösungen" in der Zukunft umgesetzt werden sollen,
darüber gibt es im Buch von Klaus Schwab und Thierry Malleret nur
recht vage Andeutungen. Wiederholt wird die „stärkere Zusammenarbeit
und Kooperation in und zwischen den Ländern" als „unabdingbare Voraussetzung für einen wirklichen Umbruch"[112] mit dem Ziel gefordert, die
Corona-Lage zu bewältigen. Zugleich warnen die Autoren angesichts der

---

[111] a.a.O., S. 130 f.

[112] a.a.O., S. 297 f.

pandemischen Zustände vor „Versäumnissen und Schwachstellen im grausamen Tageslicht der Coronakrise". Was wiederum den Zwang „zu schnellerem Handeln" nach sich ziehen könnte, „indem wir gescheiterte Ideen, Institutionen, Prozesse und Regeln durch neue ersetzen, die den gegenwärtigen und künftigen Bedürfnissen besser gerecht werden".

Spätestens an dieser Textstelle drängt sich dem aufmerksamen Leser ein ganzes Bündel von Fragen auf: Welche Ideen sollen gescheitert sein? Um welche Institutionen, die abgewickelt werden müssen, handelt es sich? Warum haben sie sich nicht bewährt? Ist es möglich, nur ein paar Monate nach Ausbruch der Pandemie bereits solche weitreichenden Schlussfolgerungen zu ziehen (das Buch von Schwab/Malleret ist im Sommer 2020 erschienen)? Welche Prozesse und Regeln sind neu zu fassen? Welche genauen Reformen schweben den beiden Autoren vor? Wessen Bedürfnissen soll Rechnung getragen werden? Die der Bürgerinnen und Bürger, der global agierenden Unternehmen, der Regierungen? Man fragt sich: Wer ist überhaupt mit „Wir" gemeint? Das führt zur Kardinalfrage der heutigen Zeit: Wer ist in welchem gesellschaftlichen Bereich der Souverän, die letztinstanzliche Entscheidungsgewalt für sämtliche, von Klaus Schwab und Thierry Malleret ins Auge gefassten Transformationsprozesse?

Wenn in einer Staatsform, die sich „Demokratie" nennt, die Rechtsgemeinschaft als Summe der stimmberechtigten Bürgerinnen und Bürger in der Gesetzgebung die legitim-letztinstanzliche Autorität für die Gestaltung des Sozialen darstellt, dann sollte dies in den Ausführungen über den „großen Umbruch" deutlich angesprochen werden. Dass Schwab/Malleret es tunlichst vermeiden, auch nur an einer einzigen Stelle in ihrem Buch „Ross und Reiter" für den Umbau der Weltgesellschaft eindeutig zu benennen, zeigt die große Schwäche – und zugleich Gefährlichkeit – dieser in WEF-Kreisen hofierten Gesellschaftsutopie auf. Hier gilt es, wachsam zu bleiben und alternative Entwürfe für eine menschenwürdige Gesellschaft der Zukunft auszuarbeiten und in die Waagschale zu werfen.

14. Wie das Abstimmungsrecht im Grundgesetz verwirklichen?

Einige Anregungen, wo sich der Hebel ansetzen lässt

„Wie viele andere sehe ich einen Staat, der sich zu Hause immer mehr breitmacht, und immer mehr Bürger in die Emigration oder im Protest, darunter auch Staatsdiener. Dass der Staat seine Bürger an Alternativbewegungen, an Subkulturen, an das rein private Leben oder an das Ausland verliert, lässt sich mit wachsenden Leistungen allein nicht abwenden. Legitimation und Zuwendung gründen sich nicht auf Geschenke. Die befriedigen nur vorübergehend, wecken den Wunsch nach mehr, schlechtes Gewissen und politische Abstinenz beim Bürger, lähmende und verantwortungsfreie Subventionsmentalität beim Politiker. Ganze Regionen und halbe Städte drohen auf der Intensivstation des Subventionsstaates zu verfallen. In einer Zeit, in der uns allen die Umwelt, die Technik und die äußeren Beziehungen über den Kopf wachsen, ist dies nicht der Weg, diesen Staat zu unserem Land zu machen. Der Bürger will selbst leisten, will gefragt und gefordert werden. Die Probleme, die entschieden werden, sind in allererster Linie, nämlich existenziell, die seinen, und nur in zweiter Linie, nämlich professionell, die der Politiker. Immer zahlt die Zeche der Bürger; in schrecklichster Weise hat dies die unauslöschliche Zeit zwischen unseren beiden Demokratien gezeigt. Wundert es da, dass er mitbestimmen will, nicht am Stammtisch, nicht als Stichprobe eines Meinungsumfrageinstituts, sondern als Teilhaber am Unternehmen Staat?“
(Christian Pestalozza, Der Popularvorbehalt)

„Drei offizielle ‚Gewalten‘ im Land, die von der inoffiziellen vierten Gewalt, den Medien, kontrolliert werden: Das war einmal. In Zeiten der Krise zeigt sich, dass dieser Prüfmechanismus rostig ist. Was es jetzt braucht, ist die fünfte Gewalt – die Stimmen ‚von unten‘.“
(Stefan Millius, Die Ostschweiz, 1. März 2021)

> „Schützt die Flamme, denn schützt man die Flamme nicht,
> ach eh' man's erachtet, löscht leicht der Wind das Licht, das er
> entfachte. Brich dann Du ganz erbärmlich, Herz stumm vor Schmerz."
> (Pietro Antonio Metastasio, 1698-1782)

Das aufgezeigte Dilemma der fehlenden demokratischen Legitimation der deutschen Politik auf Bundesebene infolge nicht verfügbarer Regelungen, wie sie in der dreistufigen Volksgesetzgebung enthalten sind, wurde in diesem Buch ausführlich aufgezeigt. Im Grunde genommen besteht dieser Zustand bis auf den heutigen Tag – mit allen Folgen und Auswüchsen, die dabei beobachtet werden können. Was tun angesichts eines Politikbetriebs, der so gut wie ausschließlich im Dienst von parteilichen Interessen steht und den Willen der Bürgerinnen und Bürger permanent zu ignorieren bereit ist? Wo dessen Repräsentanten keinerlei Verständnis für das Grundproblem der Demokratie aufzubringen scheinen? An welchen Stellen gilt es anzuknüpfen, um Abhilfe zu schaffen? Welche Wege des zivilgesellschaftlichen Engagements bieten sich hierfür an? Der lange Geburtsprozess der komplementären Demokratie für die deutsche Bundespolitik auf der Basis des Wahlrechts *und* Abstimmungsrechts kann weiterhin aktiv und unterstützend begleitet werden. Unter anderem kommen dafür konkret infrage:

Der Weg über die gewählten Repräsentanten – Gespräche/Eingaben

Es macht immer Sinn, mit Bundestagsabgeordneten, vor allem aus dem eigenen Wahlkreis, über die dreistufige Volksgesetzgebung und das Legitimationsproblem der parlamentarischen Tätigkeit ins **Gespräch** zu kommen – nicht nur, wenn alle vier Jahre Bundestagswahlen anstehen. Regelmäßig aus der Mitte des Bundestags eingebrachte **Gesetzesinitiativen** oder über den Petitionsweg eingereichte Eingaben aus der Bevölkerung würden das Thema am Köcheln halten. Angesichts zahlreicher Vorstöße der vergangenen Jahrzehnte darf man sich von **Petitionen** jedoch nicht sehr viel versprechen. Sie sind ohnehin eher Relikte aus einer alten Zeit – in der man als untertäniger Bittsteller seine Wünsche und Vorstellungen der herrschenden Obrigkeit vorbrachte, verbunden mit der Bitte um Abhilfe. „Der unfreie Mensch fordert, der freie Mensch wird initiativ", lautet zutreffend ein Sprichwort. Daher sind weitere Vorgehensweisen zu erwägen, um die Demokratiefrage substanziell anzugehen.

Der Weg über die Bundesländer – Reform der Landesverfassungen

Ob in der Weimarer Republik, der Schweiz (siehe dazu Kapitel 4) oder dem überwiegenden Teil der deutschen Länderverfassungen nach 1945: In der Praxis der ursprünglichen wie auch der neuen oder „reformierten" Regelungen zur direkten Gesetzgebung durch das Volk taucht die Volksinitiative als Gesetzesinitiative, die an die Volksvertretung zum Zweck der Behandlung des außerparlamentarischen Vorschlags gerichtet ist, als erste Stufe kaum auf. Fast durchweg ist der Start eines Volksgesetzgebungsverfahrens mit einem sogenannten Volks- oder Zulassungsantrag zur Durchführung eines Volksbegehrens möglich, der mit einem festgelegten Unterstützungsquorum versehen ist. Für den Freistaat Bayern etwa setzt das Landesrecht 25.000 gültige Unterschriften als Mindestmaß an Unterstützung voraus, damit ein Volksbegehren anberaumt werden kann. Und vor einem Volksentscheid nach erfolgreichem Begehren kann der bayerische Landtag einen eigenen Gesetzentwurf mit zur Abstimmung stellen. Überdies erschweren bis verhindern in den allermeisten Bundesländern knapp bemessene Zeiträume, die Begrenzung der Sammlung von Unterschriften auf die Amtsstuben sowie Beteiligungs- oder Zustimmungsquoren bei Volksentscheiden die Bildung des Gemeinwillens der Stimmberechtigten. Ganz zu schweigen von der nirgendwo geregelten Berichterstattung mit der gleichberechtigten Darstellung von Für und Wider in den öffentlich-rechtlichen und privaten Massenmedien.

Dennoch würde es die Probe aufs Exempel darstellen, die Kräfte zu bündeln und in einem Bundesland mit relativ moderaten Regelungen, die annähernd der Idee von der dreistufigen Volksgesetzgebung entsprechen, eine **Initiative zur Änderung der Landesverfassung** anzustreben. Als mögliches Betätigungsfeld würden sich hierfür Schleswig-Holstein (dreistufiges Verfahren, teils geringere Quoren), eines der östlichen Bundesländer oder Bayern (wegen fehlender qualifizierter Mehrheit beim Volksentscheid und der etwas längeren direktdemokratischen Tradition im Freistaat) anbieten. Es käme auf den Versuch an! Alle damit gemachten Erfahrungen, wie auch gegebenenfalls daraus resultierende höchstrichterliche Entscheidungen, können den Bestrebungen zur Verwirklichung der dreistufigen Volksgesetzgebung auch auf Bundesebene zugutekommen.

Der Weg über die Gesellschaft – Selbstorganisierte Abstimmungen

Sollten Bundestag und Bundesrat weiterhin alle Petitionen und Aufforderungen von außerhalb der gesetzgebenden Körperschaften ignorieren, ist es möglich, den Willensbildungsprozess außerparlamentarisch einzuleiten und die Abstimmung durch einen **selbst organisierten Prozess** zumindest symbolisch vor Augen zu führen. Zum ersten Mal in der Geschichte der Bundesrepublik Deutschland hat die in Achberg begründete „Initiative Volksentscheid zum 23. Mai 1989" diesen Versuch unternommen.[113] Während ihrer als „500-Tage-Aktion" oder auch „Stimmbriefaktion" bezeichneten Kampagne wurden etwa zwei Millionen Stimmbriefe im damaligen Bundesgebiet in den Umlauf gebracht. Zwei weitere, jedoch eher zaghaft anmutende Anläufe in jüngster Zeit, die auch weitere Politikinhalte zur Abstimmung stellten, wurden im Kapitel 9 angeführt.[114] Derartige zivilgesellschaftliche Aktionen lassen sich wiederholen, um andauernd öffentlich auf das Anliegen aufmerksam zu machen. Frei nach dem Motto: „Steter Tropfen höhlt den Stein!"

Der Weg über Karlsruhe – Verfassungsbeschwerde mit Aussichten

Das in Artikel 20 Absatz 2 Satz 2 (GG) verbriefte Abstimmungsrecht des Volkes beim **Bundesverfassungsgericht** (BVG) in Karlsruhe einzuklagen, haben Beschwerdeführer in den 1980er- und anfänglichen 1990er-Jahren gleich mehrere Male versucht. Es ist an dieser Stelle nicht der Platz, die Anlässe und Argumentationslinien, auf die sich seinerzeit die

---

[113] Vgl. dazu Flensburger Hefte 1990, S. 143 ff.

[114] Für 2022 wird der nächste Versuch angepeilt (Stand November 2021). Siehe unter www.abstimmung21.de

angestrengten Verfassungsbeschwerden bezogen, auch nur in ihren Grundzügen nachzuzeichnen – ebenso wenig deren damalige Zurückweisung einschließlich der teils detailliert angegebenen Begründungen durch die BVG-Verwaltung. Seit geraumer Zeit zeichnet sich hier eine womöglich erfolgversprechende Aussicht für ein Vorgehen ab, um die höchstrichterliche Instanz mit dem vorenthaltenen Abstimmungsrecht auf Bundesebene zu konfrontieren. Anlass sind markante Auffälligkeiten in der jüngeren BVG-Rechtsprechung, die noch genauer untersucht und bewertet werden müssen, um den „Fall Artikel 20/2/2 GG" in Karlsruhe verhandelbar zu machen.

Der Weg über eine neue Verfassung – Anknüpfen an Artikel 146 GG

Ausgangspunkt dieser Überlegung ist der im Vereinigungsprozess beider deutscher Staaten modifizierte Schlussartikel im Grundgesetz. Der besagt (wie schon in Kapitel 12 ausgeführt), dass „nach Vollendung der Einheit und Freiheit Deutschlands" dieses Grundgesetz „seine Gültigkeit an dem Tage verliert, an dem eine Verfassung in Kraft tritt, die von dem deutschen Volke in freier Entscheidung beschlossen worden ist". Seit Ausbruch der Corona-Krise wird von mehreren Seiten verstärkt die Debatte hierzu geführt und teils publikumswirksam der Gedanke einer **Totalrevision des bestehenden Verfassungsrechts** bemüht.[115] Anlässlich zweier großer Demonstrationen gegen die Corona-Politik im August 2020 und 2021 in Berlin wurde dabei versucht, den Verfassungsprozess mittels entsprechender Bühnenaktivitäten und öffentlicher Foren sozusagen „von unten" in Gang zu setzen. Starke Polizeipräsenz, abgeleitet aus der bestehenden Einschränkung des Versammlungsrechts, beendete alle darauf ausgerichteten Unternehmungen und ließ sie ins Leere laufen. So verlockend auf der einen Seite die Perspektive einer Verfassungsschöpfung, die auf Bürgerengagement setzt, klingen mag, so wenig eignet sie sich aktuell als Vehikel, die dreistufige Volksgesetzgebung ins Spiel zu bringen. Auch wenn man derzeit die Ansicht vertritt, es bestehe ein enormer

---

[115] Siehe auch online unter unsere-verfassung.de oder unter rubikon.news/artikel/die-verfassungserneuerung

„Reformstau" oder gar dringender Handlungsbedarf, unsere Rechts- und Lebensordnung in ihren Grundzügen völlig neu zu gestalten oder zumindest partiell zu ergänzen: Der großräumig bekundete zivilgesellschaftliche Protest als permanenter „Druck von der Straße" besteht derzeit nicht. Oder er zielt, siehe die Fridays-for-Future-Bewegung, aktuell nicht auf eine verfassungspolitische Diskussion in der Öffentlichkeit hin.

Der Weg über den Widerstand – Ziviler Ungehorsam nach Art. 20/4

Man könnte folgende Haltung einnehmen: Das Abstimmungsrecht, als Staatsfundamentalnorm im Grundgesetz (20/2/2) gleichberechtigt neben dem Wahlrecht konzipiert, wird den Bürgerinnen und Bürgern seit 1949 dauerhaft vorenthalten. Damit wäre die Situation gegeben, dass diese originäre durch die reale, allein auf dem Wahlrecht fußende Ordnung ausgehebelt wäre. Infolgedessen wäre der Tatbestand von Artikel 20 Absatz 4 erfüllt. Dieses räumt **„allen Deutschen das Recht zum Widerstand"** ein, falls jemand „es unternimmt, diese Ordnung zu beseitigen" und „andere Abhilfe nicht möglich ist". Gerade letztgenannter Punkt spricht gegen einen solchen Gedankengang. Für die Verwirklichung der dreistufigen Volksgesetzgebung als Ausgestaltung des Abstimmungsrechts wären zuvor alle rechtlichen Mittel auszuschöpfen und hierfür dokumentierte Aktionen und Initiativen zu ergreifen. Es sollten alle denkbaren Anstrengungen, möglichst fokussiert auf einen eng begrenzten Zeitraum, unternommen werden, weil man ansonsten nicht wirklich glaubhaft machen kann, dass „andere Abhilfe nicht möglich" sei. Vielleicht werden wir in Deutschland Zeiten erleben, in denen unter demokratischen Gesichtspunkten (wohlgemerkt friedliche!) „Verfassungskämpfe" ein anderes, besseres Zeitalter einläuten – die Schweiz lässt grüßen: Im 19. Jahrhunderts hatten es die Eidgenossen ja vorgemacht. Bevor sich nicht grundlegend etwas im Bewusstsein vieler Menschen ändert, wäre es jedenfalls weder statthaft noch konstruktiv, als Demokratiebewegung das Widerstandsrecht im Grundgesetz für die eigenen Ziele zu bemühen. Zumal die Rechtsprechung für die Ausübung dieses Grundrechts sehr enge Grenzen setzt.

Als SPD, die Grünen und die FDP am 24. November 2021 ihren in Windeseile ausgearbeiteten Koalitionsvertrag der Öffentlichkeit präsentierten, wurden erste gemeinsame Absichtserklärungen in Richtung von mehr Bürgerbeteiligung erkennbar. „Wir werden Bürgerräte zu konkreten Fragestellungen durch den Bundestag einsetzen und organisieren. Dabei werden wir auf gleichberechtigte Teilhabe achten. Eine Befassung des Bundestages mit den Ergebnissen wird sichergestellt", zitierte „Mehr Demokratie" in einer Pressemitteilung aus dem Papier.[116] „Dieser Koalitionsvertrag verspricht weit mehr Demokratieentwicklungs-Vorhaben als die bisherigen und er wird dabei teilweise ziemlich konkret", resümierte Bundesvorstandssprecherin Claudine Nierth die vereinbarten Vorhaben. Von der Verwirklichung der dreistufigen Volksgesetzgebung, wie sie alle drei künftigen Regierungsparteien vor nicht allzu langer Zeit selbst im Bundestag vertraten, hat man sich meilenweit distanziert.

Mehr als 72 Jahre nach Inkrafttreten des Grundgesetzes darf man also gespannt sein, ob und wann sich die Bürgerschaft in Deutschland anschickt, ihr verfassungsmäßig verbrieftes Abstimmungsrecht endlich einzufordern. Geeignete Anlässe werden in Zukunft nicht ausbleiben, um dieses Versäumnis in Erinnerung zu rufen. Mit Geduld und Ausdauer kann es gelingen, den Souveränitätswechsel, der sich mit dem Sturm auf die Bastille im Jahr 1789 in Paris ankündigte, auch auf Bundesebene endgültig zu vollziehen. Das Scheitern der Weimarer Republik, in welcher die damaligen Bürgerinnen und Bürger nicht wach genug waren, die veranlagte Volkssouveränität zur Entfaltung zu bringen, sollte hierfür Mahnung und Ansporn zugleich sein.

---

[116] „Koalitionsvertrag verspricht Bürgerräte, Transparenz und Wahlrechtsreform", PM vom 24. November 2021

Literaturverzeichnis

Arbeitsgemeinschaft Demokratie und Recht im Institut für Sozialforschung im Internationalen Kulturzentrum Achberg: „Am Beginn eines ‚Europäischen Frühlings'? Thesen zur Demokratiefrage" (o. J.)

Barth, Peter: „Zur Idee und Ausgestaltung der direkten Gesetzgebung durch das Volk im Lebenswerk des Moritz Rittinghausen", unveröffentlichte Diplomarbeit, Fachbereich 8, Universität Bremen 1994

Bauser, Bernhard: „Volkssouveränität und Fragen der Direkten Demokratie im Anschluss an Kant und Rousseau", unveröffentlichte Magisterarbeit, Fachbereich Philosophie, Johann Wolfgang Goethe-Universität Frankfurt/Main 1992

Flensburger Hefte: „1789 – 1989. Direkte Demokratie", Heft Nr. 24, Flensburger Hefte Verlag Frühjahr 1989

Flensburger Hefte: „Rechtsleben und soziale Zukunftsimpulse. Von der Dreigliederungsidee Rudolf Steiners zur Volksgesetzgebung", Heft Nr. 25, Flensburger Hefte Verlag Sommer 1989

Flensburger Hefte: „Volkssouveränität und Volksgesetzgebung – Die Kernpunkte der Demokratiefrage Teil I. Idee und Initiative im Umkreis des Revolutionsjahres 1989/90", Sonderheft Nr. 5, Flensburger Hefte Verlag 1990

Fromm, Erich: „Haben oder Sein – Die seelischen Grundlagen einer neuen Gesellschaft", dtv 1986 (15. Auflage)

Hasen-Müller, Bertold: „Das Doppelgesicht der Demokratie und die soziale Dreigliederung"; in: Die Drei, Heft 6 (1987); S. 479ff.

Hasen-Müller, Bertold/Heidt, Wilfried: „Die Kardinalfrage des Staatswesens – Hinweis auf eine Lebensnotwendigkeit der Gegenwart und Zukunft"; in: Stefan Leber (Hg.): „Der Staat – Aufgaben und Grenzen. Beiträge zur Überwindung struktureller Vormundschaft im Rechtsleben", Verlag Freies Geistesleben 1992

Jung, Otmar: „Grundgesetz und Volksentscheid. Gründe und Reichweite der Entscheidungen des Parlamentarischen Rats gegen Formen direkter Demokratie", Westdeutscher Verlag 1994

Kelsen, Hans: „Vom Wesen und Wert der Demokratie", Reclam 2019

Nierth, Claudine/Höftmann Ciobotaru, Katharina: „Die Demokratie braucht uns! Für eine Kultur des Miteinander", Goldmann 2021

Pestalozza, Christian: „Der Popularvorbehalt. Direkte Demokratie in Deutschland", De Gruyter 1981

Rittinghausen, Moritz: „Die direkte Gesetzgebung durch das Volk", Kommissionsvlg. der Buchhandlung des Schweizerischen Grütlivereins 1893 (5. Auflage)

Schulte, Thorsten: „Fremdbestimmt. 120 Jahre Lügen und Täuschung", Verlag für Frieden, Freiheit & Wahrheit (VFFW) 2021 (7. Auflage)

Schultze-Melling, Jan (Hg.): „Grundgesetz der Bundesrepublik Deutschland und die Verfassungen der Länder", Weltbild 2009

Schwab, Klaus/Malleret, Thierry: „Covid-19: Der große Umbruch", Weltwirtschaftsforum 2020

Schwartmann, Rolf: „Zwei Säulen für die Demokratie"; in: Frankfurter Allgemeine Zeitung (FAZ), Ausgabe vom 22. Mai 2019

Tannert, Carl: „Die Fehlgestalt des Volksentscheids – Gesetzesvorschlag zur Änderung der Art. 75 und 76 Abs. 1 Satz 4 der Reichsverfassung", Verlag von M. & H. Marcus 1929